Königs Erläuterungen und Materialien
Band 65/66

Erläuterungen zu

William Shakespeare

König Lear
Der Sturm

von Edgar Neis

C. Bange Verlag – Hollfeld

Herausgegeben von Klaus Bahners, Gerd Eversberg
und Reiner Poppe

2. Auflage 1991
ISBN 3-8044-0268-2

Druck: Beyer-Druck, Langgasse 23, Hollfeld

VORWORT

Es hat einen tieferen Grund, daß Shakespeares Tragödie „König Lear" und sein Märchenspiel „Der Sturm" im gleichen Heft interpretiert werden. Zwischen beiden Werken bestehen vielfältige enge Beziehungen. Dover Wilson („Shakespeare der Mensch", Hamburg 1953) nennt den Prospero des „Sturms" den „Lear redivivus", einen „glücklicheren Lear", der des Ungemachs in der Welt Herr wird und es von einem höheren Standpunkt aus betrachtet. Beiden Werken ist das Motiv des Sturmes eigen — aber wer, wie Nietzsche sagt, auf die höchsten Berge steigt, der lacht über alle Trauer-Spiele und Trauer-Ernste.

Dr. E. Neis

INHALTSÜBERSICHT

DER STURM Seite

SHAKESPEARES LEBEN

Es ist eine traditionelle Klage, daß wir wenig über Shakespeare wissen. In Wirklichkeit hat jahrzehntelange, unermüdliche und intensive historische und philologische Forschung mehr über ihn zusammengetragen als über die meisten seiner dichtenden Zeitgenossen. Es ist allerdings nicht möglich, sein Leben und sein Schaffen so zu verbinden, daß sich das zweite aus dem ersten mit Sicherheit erklären ließe. Für modernere Auffassungen schien oft ein Gegensatz zwischen dem Leben des strebsamen und tüchtigen Schauspielers und Theaterunternehmers, des Kleinstadtbürgers und schließlich Landedelmannes und seinem letzte Höhen des menschlichen Geistes erreichenden Werke zu bestehen. Das führte dazu, daß trotz überreicher Nachweise seiner Autorschaft Theorien entwickelt wurden, die ihn nur als Decknamen für einen vornehmeren und gelehrteren Zeitgenossen auffaßten und diesem die Werke zuschreiben wollten. Am meisten Verbreitung fand die Behauptung, der Philosoph Francis Bacon habe die Werke verfaßt. Sie ist wie alle ähnlichen Theorien so gewaltsam konstruiert, daß ihre Widerlegung heute nur noch Satire werden kann.

William Shakespeare ist 1564 in dem Städtchen Stratford on Avon geboren. Am 26. April wurde er getauft. Da man Kinder üblicherweise am dritten Lebenstage taufte, wurde der 23. April als sein Geburtstag erschlossen. Sein Vater, John Shakespeare, gehörte der Gilde der Weißgerber und Handschuhmacher an, züchtete Schafe und handelte auch mit Wolle und Häuten. Die Mutter des Dichters, Mary Arden, stammte aus dem nahen Snitterfield. Ihre Familie gehörte der Gentry, dem Landadel, an. John Shakespeare brachte es zu Wohlstand und bürgerlichem Ansehen. Er erwarb mehrere Häuser und Grundbesitz und wurde in städtische Ehrenämter gewählt. 1565 war er Ratsherr, 1568 High Bailiff (Bürgermeister) und schließlich auch Friedensrichter. William war das dritte Kind seiner Eltern. Über seine Erziehung und Schulbildung wissen wir nichts Sicheres. Es besteht aber die höchste Wahrscheinlichkeit, daß er die damals recht gute Lateinschule seiner Heimatstadt besucht hat. Sehr wahrscheinlich ist auch, daß Theatererlebnisse der Jugend auf seinen späteren Entschluß, Schauspieler zu werden, Einfluß gewannen. Zwischen 1569 und 1587 wurde Stratford 24mal von reisenden Schauspielertruppen aufgesucht. Auch das nahe Coventry als Mittelpunkt der Mysterienspiele mag ihm vertraut geworden sein.

Um 1580 haben sich die Vermögensverhältnisse der Eltern erheblich verschlechtert, die Geldnot steigt bis etwa 1587, dann tritt eine langsame Besserung ein. Die letzte Ursache dieser Schwierigkeiten wird in einer damals die ganze Welt erfassenden Krise, die auf dem Verfall des Silberwertes und damit der Währungen beruhte, zu suchen sein, Mißernten und Stadtbrände kamen erschwerend hinzu. Es gibt keinen schlüssigen Beweis dafür, daß besondere persönliche Gründe, wie ein Bekenntnis John Shakespeares zum katholischen Glauben, ihn in finanzielle Bedrängnis geführt hätten.

Welchen Beruf der Dichter nach der Schulzeit erlernte und ausübte, bleibt völlig dunkel. Vermutungen reichen vom Schlächter über den Lehrer zum Gehilfen bei einem Rechtsanwalt, gelegentlich wurde auch ohne ausreichende Beweise angenommen, er sei Seemann gewesen. Das einzige sichere Datum aus jener Zeit ist das seiner Heirat. Im Dezember 1582 vermählte er sich im Alter von achtzehn Jahren mit der um acht Jahre älteren Anna Hathaway, der Tochter eines begüterten Landwirts aus Weston on Avon nahe Stratford. Im folgenden Jahre wurde das erste Kind, eine Tochter Susanne, geboren. 1585 kamen die Zwillinge Hamnet und Judith zur Welt.

Um diese Zeit muß Shakespeare Stratford verlassen haben, um in London Schauspieler zu werden. Nachweisbar in der Hauptstadt ist er allerdings erst um 1590, damals ist er bereits zu beträchtlichem Ansehen gekommen. Über seinen Fortgang aus Stratford gibt es nette Legenden, etwa die, er habe die Heimat verlassen müssen, weil er im Park des Gutsherrn Sir Thomas Lucy gewildert habe, doch sind sie alle nicht mehr als hübsche Erfindungen. Jedenfalls macht Thomas Nashe 1589 eine abfällige Bemerkung über ihn, die erkennen läßt, daß er als Schauspieler gut bekannt ist. 1592/93 wird er von dem Schriftsteller Robert Greene noch derber angegriffen. 1593/94, als die Pest in England wütete und alle Theater geschlossen waren, veröffentlichte er die beiden Versepen „Venus und Adonis" und „Lucretia", die einem hohen Gönner, dem Grafen von Southampton, gewidmet sind.

Wahrscheinlich hat Shakespeare in London Anschluß an seinen Landsmann, den Theaterunternehmer James Burbage, gesucht, der das „Theatre" erbaut hatte und im Londoner Theaterleben eine beherrschende Stellung einnahm. Sein Sohn und Erbe, Richard Burbage, war Shakespeares Freund. Als Teilhaber seiner Theatergruppe muß Shakespeare gut verdient haben. Das erworbene Geld legte er in der Heimatstadt Stratford an, wo er 1597 New Place, ein stattliches Anwesen mit umfangreichem Grundbesitz kaufte und die Vermögensverhältnisse seines Vaters ordnete. Dieser betreibt bereits seit Jahren die Verleihung eines Wappens, also die Aufnahme der Familie in die Gentry, den Landadel. 1599 wird die Verleihung ausgesprochen. Im gleichen Jahre, in dem Shakespeare so „Gentleman" wurde, baute Richard Burbage das Globe-Theater, an dem der Dichter ebenfalls Teilhaber war und für das er seine Stücke schrieb. Shakespeare kauft weiteren Grundbesitz in Stratford, wohin er öfters reist, 1610 war er der größte und wohlhabendste Grundbesitzer des Städtchens.

Kurz darauf muß er London verlassen haben, um wieder dauernd in Stratford zu leben. Nur gelegentlich hält er sich seitdem in der Hauptstadt auf. Im frühen Alter von nur 52 Jahren ist er, der offenbar schon längere Zeit kränklich war, am 23. April 1616 in Stratford gestorben, nachdem er einen Monat vorher sein endgültiges Testament gemacht hatte. In der Pfarrkirche wurde er beigesetzt. Die Texte Shakespeares blieben damals bei dem Theater, für das sie geschrieben waren. Da jeder Urheberschutz fehlte, war man an einer Geheimhaltung guter Stücke sehr interessiert. Nur abgespielte Stücke wurden veröffentlicht. So sind von Shakespeares Dramen nur 19 zu seinen Lebzeiten in mehr oder weniger guten Drucken (Quartos) erschienen. Erst nach seinem Tode, im Jahre 1623, veranstalteten seine einstigen Schauspielerkollegen John Hemminge und Henry Condell, die Shakespeare in seinem Testament ausdrücklich bedacht hatte, die erste Gesamtausgabe (Folio), der Ben Jonson einen Nachruf voranstellte, in dem trotz einiger, vielleicht aus großer Nähe gegebener Einschränkungen doch zum ersten Male Shakespeares dichterische Größe klar erkannt und ausgesprochen wird.

König Lear

ENTSTEHUNG UND AUFNAHME DES „KÖNIG LEAR“

1. Die Datierung des Werkes

Am zweiten Weihnachtstage des Jahres 1606 wurde „König Lear“ in Whitehall vor König Jakob I. gespielt. Sicher handelt es sich dabei um Shakespeares Werk. Es gab ein älteres Stück von „König Leir und seinen drei Töchtern“ von einem unbekannten Verfasser, das ebenfalls auf Shakespeares Quelle beruhte. Es ist bis etwa 1594 öfters gespielt worden, und so ist es mehr als wahrscheinlich, daß Shakespeare es gekannt hat. Gewisse Grundlinien der alten Handlung finden sich bei ihm wieder. Eine wörtliche Anlehnung aber gibt es nirgendwo. Vor allem besteht ein grundlegender Unterschied zwischen dem alten Stück und Shakespeares darin, daß der ältere Verfasser sich enger an die Quelle anlehnt und Leir, nachdem sich der Undank der älteren Tochter herausgestellt hat, durch einen Sieg der Franzosen unter der jüngsten Tochter Cordeille wieder als König eingesetzt wird. Neu an Shakespeares Tragödie ist auch die Parallelführung der Lear- und der Glosterhandlung, die, wie schon Schlegel sagte, die Tragödie zum Weltbild ausweitete.

Die unterste Grenze für die Entstehungszeit ist das Jahr 1603. Im März dieses Jahres erschien Samuel Harsnetts „A Declaration of Egregious Popishe Impostures“ („Eine Erklärung unglaublicher papistischer Betrügereien“). Darin sind die Namen verschiedener Teufel genannt, die der sich wahnsinnig stellende Edgar nennt. Damit ergeben sich als gesicherte Daten der März 1603 und der Stefanstag 1606 als die beiden Termine, zwischen denen Shakespeare seinen „Lear“ geschrieben haben muß.

Zur genaueren Bestimmung hat man die in der zweiten Szene des ersten Aktes erwähnten „letzten Verfinsterungen“ (late eclipses in the sun and the moon) herangezogen, sie als Erwähnungen der Mondfinsternis vom September und der Sonnenfinsternis vom Oktober 1605 angesehen. Dem abergläubischen König Jakob I., so nimmt man an, haben solche Erwähnungen sicher Eindruck gemacht. In der gleichen Rede Glosters wird auch unter den schrecklichen Zeichen der Zeit „in den Städten Meuterei, auf dem Lande Zwietracht, in Palästen Verrat" (in cities, mutinies; in countries, discord; in palaces, treason) aufgezählt (I, 2, Z. 15–17). Man hat diese Äußerung auf die Pulververschwörung des Guy Fawkes vom 5. November 1605 bezogen.

Allerdings sind diese Worte doch so allgemein, daß sie auf die ganze innere Situation des Landes, die in jenen Jahren unter dem unberechenbaren, englisches Wesen nicht verstehenden und einer ungeheuerlichen Günstlingsmißwirtschaft auf Kosten der überlieferten englischen Freiheiten Raum lassenden Stuartkönig sich immer kritischer entwickelte, und in der man einen Grund für die „Verdüsterung" Shakespeares in der damaligen Schaffensperiode sehen zu müssen glaubt, bezogen werden können. Über die erwähnten Mond- und Sonnenfinsternisse sagt M. R. Ridley: „Selbst wenn Shakespeare unfähig war, sich Finsternisse auszudenken, wenn es nicht kurz, bevor er schrieb, Finsternisse gegeben hätte, so gab es doch paarweise Finsternisse in den Jahren 1598 und 1601, und er hätte es doch wohl fertiggebracht, sich daran zu erinnern, wenn er ‚König Lear' im Jahre 1603 geschrieben hätte."

Immerhin ist es eine durchaus übliche Annahme, daß Shakespeare tatsächlich die „late eclipses", die „kürzlich stattgefundenen Verfinsterungen", meint. Dann wäre also die Tragödie zwischen dem November 1605 und dem Dezember 1606 entstanden. Der erste Druck des Werkes erschien im Jahre 1608 (erste Quarto). Auf der Titelseite wird „M. William Shakespeare" als Verfasser genannt, weiter wird gesagt, daß es sich um das Stück handelt, „As it was played before the Kings Maiestie at Whitehall upon S. Stephans night in Christmas Holidayes/By his Maiesties servants playing usually at the Globe in the Bancke-Side", also „wie es gespielt wurde vor Seiner Königlichen Majestät in Whitehall am St.-Stephans-Abend in der Weihnachtszeit von den Dienern Seiner Majestät, die für gewöhnlich im Globe auf der Bankside spielen". Es gibt von dem Stück noch eine zweite Quarto, die ebenfalls das Datum 1608 trägt, nach der Meinung neuerer englischer Forscher aber später gedruckt worden ist. Schließlich wurde das Stück in die Folio aufgenommen, wobei 300 Zeilen, die in der Quarto vorkommen, weggelassen, dagegen 100 Zeilen neu hinzugefügt sind, so daß also der Text der Folio um 200 Zeilen kürzer ist. Die modernen Ausgaben nehmen die Folio als Grundlage, führen aber dort Verbesserungen nach den älteren Drucken ein, wo offenbar ein Versehen des Druckers vorliegt. Das Problem der endgültigen textlichen Gestaltung ist übrigens außerordentlich schwierig und Gegenstand eingehender philologischer Forschungen, auf die wir hier nicht eingehen können. In einigen Fällen ist in den „Erläuterungen" darauf verwiesen.

DIE AUFNAHME

a) in England

Der „gütige" (kind) Lear muß auf Shakespeares Theater eine besonders erfolgreiche Rolle des Direktors Richard Burbage gewesen sein. In einer Elegie auf seinen Tod nennt der unbekannte Dichter diese Rolle ausdrücklich neben Hamlet und Othello. Ob das Stück in den Jahren bis zu Cromwells Commonwealth und bis zur Schließung der Theater (1649) noch gespielt worden ist, wissen wir nicht. Nach der Restauration (1660) lag es außerhalb der Sphäre des ganz nach dem Vorbilde des französischen Klassizismus orientierten allgemeinen Kunstgeschmackes. Dennoch wurde es nicht vergessen. 1681 gab Nahum Tate den „Lear" in einer Bearbeitung, die den Charakter der Tragödie dem Zeitgeschmack entsprechend grundlegend veränderte. Er führte das glückliche Ende, die Wiedereinsetzung Lears, die schon das „Leir"-Drama gekannt hatte, wieder ein. Der Narr wurde gestrichen. Cordelia und Edgar wurden zum Liebespaar und am Schluß verheiratet. Für anderthalb Jahrhunderte beherrschte diese Fassung in verschiedenen Weiterbearbeitungen die Bühne. Der in seiner Zeit so autoritäre Dr. Samuel Johnson (1709–84) äußerte sich darüber: „Shakespeare läßt es zu, daß die Tugend Cordelias in einer gerechten Sache untergeht, im Gegensatz zu der natürlichen Idee der Gerechtigkeit, zur Hoffnung des Lesers, und, was noch merkwürdiger ist, zur Wahrheit der Chroniken. Ein Stück, in dem die Bösen triumphieren und die Tugendhaften verloren sind, kann zweifellos gut sein, weil es eine richtige Darstellung der im menschlichen Leben gewohnten Ereignisse ist. Aber weil alle vernünftigen Wesen von Natur aus die Gerechtigkeit lieben, kann ich mich nicht davon überzeugen lassen, daß die Beobachtung der Gerechtigkeit ein Stück schlechter macht, oder daß, wenn andere Vorzüge gleich sind, die Zuhörerschaft sich nicht immer am Schluß vom Triumph der verfolgten Tugend befriedigt zeigen wird. Im vorliegenden Falle hat das Publikum entschieden. Cordelia ist seit Tates Zeit immer siegreich wiedergekommen. Und wenn ich meine Gefühle der allgemeinen Stimmung hinzufügen soll, so muß ich sagen, daß ich vor vielen Jahren über Cordelias Tod so erschüttert war, daß ich nicht weiß, ob ich es ertragen hätte, die letzten Szenen des Stückes noch einmal zu lesen, bis ich es unternahm, sie als Herausgeber zu bearbeiten." (Ridley, S. XIX.)

Noch weiter ging Charles Lamb (1775–1834), der zwar die Bearbeitung als dem Wesen des Dramas nicht gerecht ablehnte, die Originalfassung aber für schlechthin unspielbar erklärte: „Die Größe des Lear liegt nicht in körperlichen, sondern in geistigen Dimensionen. Der Fall von Fleisch und Blut ist zu unbedeutend, als daß man ihn ausdenken könnte. Auf der Bühne sehen wir nur körperliche Schwäche und ohnmächtige Wut." Lamb glaubt, daß die Originalfassung nur beim Lesen den rechten Eindruck vermitteln kann. Deshalb lehnt er auch Tates Bearbeitung ab, „der seinen Haken in die Nüstern dieses Leviathan steckte und ihn für Garrick und seine Nachfolger auf die Szene zog". Dieses Stück auf der Bühne darzustellen, geht nach Lambs Meinung über seinen Geist und sein tiefstes Wesen hinaus (Ridley XX). Erst William Hazlitts (1778–1830) kritische Äußerungen über das Werk veranlaßten Edmund Kean (1787–1833), den Vater des noch größeren Charles Kean (1811–68), das tragische Ende 1823 zum ersten Male wieder zu spielen. Auch er behielt noch manche Änderung bei, vor allem ließ er die Rolle des Narren fallen. W. C. Macready war der erste, der den vollständigen und unveränderten Text Shakespeares (1838) spielte, wobei er gleichzeitig in der Pracht der Ausstattung das lange gültige Vorbild gab, das in Deutschland im Meiningertum seine besondere Entfaltung fand. Seitdem ist „König Lear" immer ein Glanzstück des englischen Theaters gewesen, an dem sich die führenden Regisseure und Charakterdarsteller erprobten. Das Hauptinteresse hat sich mehr und mehr auf die philologische Interpretation des Textes verlagert, der bei der Vorlage dreier voneinander in manchen Zügen abweichender Drucke ganz besondere Schwierigkeiten machte.

b) In Deutschland

Die erste deutsche „Lear"-Aufführung fand im Jahre 1626 vor dem sächsischen Hof in Dresden statt. John Green, von dem Stahl Beziehungen zum Globe-Theater vermutet (S. 12), spielte die „Tragoedia von Lear, König von Engeland". Stahl hält es nicht für ausgeschlossen, daß der recht tüchtige Prinzipal einer Truppe englischer Kommödianten Shakespeares Text mitgebracht hatte. Ein „Lear" taucht auch gelegentlich auf dem Spielplan des Michael Daniel Treu (1634–1708), der mehrere Jahre im Dienste des kurbayerischen Hofes in München war, auf, ohne daß wir wissen, um welchen Text es sich handelt. Aus dem Jahre 1692 gibt es ein Breslauer Programmbüchlein über einen „Liear", aus dem wir erkennen, daß es sich entweder um das alte „Leir"-Drama oder, was wahrscheinlicher ist, um eine Bearbeitung im Sinne Tates gehandelt haben muß, denn am Ende werden die Bösen bestraft und der alte König freut sich über seiner Tochter Cordelia Gehorsam. Es ist aber nicht einmal bekannt, ob und von wem das Drama tatsächlich in Breslau gespielt worden ist.

Auch in Deutschland vollzieht sich die Aufnahme des „Lear" schwer, langsamer als die anderen Tragödien Shakespeares. 1774 spielte die wandernde Truppe von Karl Wahr dieses Stück in Preßburg in der Bearbeitung eines Mitgliedes der Truppe, Christoph Ludwig Seipp. Die entscheidende Tat aber wurde Friedrich Ludwig Schröders Einsatz für das Stück. 1771 hatte er das 1765 neuerbaute Haus am Gänsemarkt in Hamburg mit der Truppe seines Stiefvaters Konrad Ackermann übernommen. 1776 begann er mit den Shakespeare-Inszenierungen. Am 17. Juli 1778 spielte er als dritte Tragödie nach „Hamlet" und „Othello" den „König Lear" in einer Prosafassung und eigenen Bearbeitung. Zwar stirbt hier Lear am Schluß – rund 50 Jahre früher als in England –, aber Cordelia bleibt am Leben und die Rolle des Narren ist ebenso gestrichen wie die Länderteilung am Anfang, weil man diese zu kindisch fand. 1779 bearbeitete Joh. Chr. Bock, der ehemalige Dramaturg Schröders, das Stück als Konkurrenzunternehmen für Dresden; er geht ganz auf Tates Bearbeitung zurück, indem er den alten König ebenfalls überleben läßt. Schröder jedenfalls hatte den entscheidenden Durchbruch gebracht, 1780 gastierte er auch in Wien als Lear.

Eine Bühnenmusik zum „Lear" hat auch Joseph Haydn geschrieben. Es ist aber nicht zu ermitteln, ob sie für eine Wiener Aufführung komponiert wurde oder ein Londoner Auftrag ist. Da die letzte Nummer ein Siegesmarsch ist, steht außer Zweifel, daß diese Musik für die glückliche Lösung im Sinne Tates gedacht war.

Auch im 19. Jahrhundert hielt man noch lange an dieser Schröderschen Bearbeitung fest, wenn auch diese oder jene Szene oder Rolle wieder eingefügt wurde. Am Berliner Nationaltheater, das Iffland ab 1797 leitete, hat Ludwig Devrient an der dichterischen Urgestalt ein Beispiel gesetzt, das aber wenig wirkte. Für das Wiener Burgtheater bearbeitete Joseph Schreyvogel 1822 den „Lear" nach der Schröderschen Fassung, Lear und Cordelia bleiben also siegreich. Zugrunde lag dieser Bearbeitung die Übersetzung des Dr. Johann Heinrich Voß d. J., des Sohnes des Homer-Übersetzers, der Gymnasialprofessor in Wien war und 1806 seine Prosaübersetzung, die lange vorherrschend blieb, veröffentlichte. Die gleiche Bearbeitung spielte auch Karl Immermann 1835 in Düsseldorf, aber mit dem Originalschluß. Dasselbe tat Heinrich Laube 1851 in Wien. Vorangegangen war Ludwig Tieck, der 1824, ohne sonst viel an der Bearbeitung zu ändern, Lear und Cordelia sterben ließ.

1832 erschien die Übersetzung in Versen des Wolf Graf Baudissin als vorletzte dieses Mitarbeiters an der Schlegel-Tieckschen Ausgabe. Aber sie konnte die alte Voßsche Übersetzung erst allmählich verdrängen und wurde von Anfang an als wenig geglückt kritisiert. Gegen die Tragödie wurden auch von anderer Seite Bedenken erhoben, die uns heute kurios genug anmuten. 1865 protestierte der „Westfälische Merkur" in Münster „im Namen des guten Geschmackes" dagegen, weil das Stück vom Wahnsinn diktiert sei. Tatsächlich schrieb 1871 der Irrenarzt Dr. Carl Stark eine von den Schauspielern seiner Zeit gründlich studierte „psychiatrische Studie für das gebildete Publikum" über Lear, eine „poetische Krankengeschichte". Aber trotz dieser vielen Widerstände setzte sich in der zweiten Hälfte des 19. Jahrhunderts und dann entscheidend im 20. Jahrhundert die Tragödie durch, bis die großen Schauspieler in der Titelrolle ihre wesentliche künstlerische Aufgabe sahen. Die Inszenierung Max Reinhardts vom 16. September 1908 war auch hier bahnbrechend. Albert Bassermann und Rudolf Schildkraut waren bei ihm die überragenden Träger der Titelrolle. Stahl sagt davon: „Grundsätzlich war seit der Berliner Inszenierung des ‚Lear' von 1908 für seine Wiedergabe das erreicht, was bis dahin kaum in letzter Konsequenz erstrebt worden war: Man wich den Härten und Grausamkeiten der Dichtung nicht mehr mit dramaturgischen Behelfen — Abmilderungen und Strichen — aus, sondern wurde ihrer mit künstlerischen Mitteln Herr." (S. 581)

Auch in den folgenden Jahrzehnten wird das Stück manchen Experimenten ausgesetzt, aber immer bleibt jetzt das Bemühen um den wahren Geist des Werkes, um eine unverfälschte Erschließung der dichterischen Intention maßgeblich. Von den letzten großen Inszenierungen des Lear seien hier nur die der Ruhrfestspiele 1950 unter Pempelforts Regie mit Werner Krauß als Lear, die des Deutschen Schauspielhauses 1951 ebenfalls mit Werner Krauß und die Gastspiele des Old Vic in verschiedenen Städten Deutschlands erwähnt. Noch immer gehört der „Lear" zu den seltener gespielten Tragödien Shakespeares, weil die schauspielerischen Aufgaben für viele Ensembles zu groß sind. Eine Aufführung des „Lear" aber bedeutet für jedes Theater, das sie unternimmt, einen künstlerischen Höhepunkt seiner Arbeit.

DIE QUELLEN DES „KÖNIG LEAR"

Aus der romanhaften Geschichte des alten Britannien „Historia Brittonum" (1036–39) des Galfrid von Monmouth, die gerade zu Shakespeares Zeit von der aus starkem Machtbewußtsein genährten, großbritannischen Idee her zu neuem Ansehen kam, und anderen mittelalterlichen Schriften, übernahm Raphael Holinshed mit geringen Abweichungen die Sage von König Leir in seine „Chroniken von England, Schottland und Irland", die 1578 zum ersten und 1586 zum zweiten Male gedruckt wurden. Diese Chroniken wurden häufig von Shakespeare als Quelle benutzt. Nach ihrem Bericht herrschte Leir – die Schreibung Lear findet sich ausschließlich bei Shakespeare – im Jahre der Welt 3105, zur Zeit, da Joas (um 800 v. Chr.) König in Juda war, in Britannien und gründete die Stadt Caerleir, das heutige Leicester. Der alt gewordene Leir wollte sein Reich derjenigen seiner drei Töchter Gonorilla, Ragan und Cordeilla geben, die ihn am meisten liebte. Er berief die Töchter und befragte sie nach der Größe ihrer Liebe. Die beiden älteren beteuerten ihm mit hohen Worten und vielen Eiden, daß ihnen nichts auf der Welt teurer sei, als der Vater, nicht einmal das eigene Leben. Die jüngste, seine Lieblingstochter, aber antwortete: „Da ich die große Liebe und väterliche Fürsorge kenne, die Ihr jederzeit für mich gehabt habt, so glaube ich Euch nicht anders antworten zu sollen, als was ich im Innersten denke und mich mein Gewissen zu tun heißt. So beteure ich, Euch immer als den mir von der Natur gegebenen Vater geliebt zu haben und als solchen weiter zu lieben. Und wenn Ihr noch mehr von der Liebe, die ich für Euch hege, zu wissen begehrt, so versichere ich Euch ganz so, doch auch nicht mehr zu lieben, als Euch es zukommt."

Unzufrieden mit dieser Antwort schloß der Vater die jüngste Tochter von jedem Erbe aus. Die beiden älteren aber verheiratete er, die eine mit dem Herzog von Cornwall, die andere mit dem Herzog von Albanien. Er gab ihnen sofort die Hälfte seines Reiches, die andere Hälfte sollten sie nach seinem Tode erben. Es fügte sich aber, daß der Fürst Galliens so viel von der Schönheit und Tugend Cordeillas gehört hatte, daß er sie zur Gemahlin begehrte und auch ohne Mitgift nahm. Leir aber wurde sehr alt, Jahre vergingen und es dauerte den beiden Herzögen, die seine älteren Töchter geheiratet hatten, zu lange, bis sie das ganze Reich teilen konnten. So erhoben sie sich gegen ihn und entrissen ihm seinen Besitz. Sie setzten ihm dafür die Mittel aus, die er für seinen Unterhalt brauchte. Bald aber hielten sie sich nicht mehr an die getroffenen Abmachungen und verkürzten ihm den Unterhalt so sehr, daß er in Armut verfiel. Endlich vermochte er die gegen ihn geübte Untreue und den Undank seiner Töchter nicht länger zu ertragen und floh nach Frankreich, um bei der verstoßenen jüngsten Tochter Schutz zu suchen. Er wurde liebevoll und mit königlichen Ehren aufgenommen. Sein Schwiegersohn rüstete ein Heer und eine Flotte aus, zog mit seinem Schwiegervater hinüber nach England und siegte in einer Schlacht über die beiden ungetreuen Herzöge, die beide fielen. Nun wurde Leir wieder in sein Reich eingesetzt, das er noch zwei Jahre regierte, um dann nach insgesamt 40jähriger Regierungszeit zu sterben.

Tragischer ist nach Holinshed das Ende Cordelias, die nach Lear zur Regierung kam. Fünf Jahre lang herrschte sie in würdiger Weise, dann starb ihr Gemahl, und ihre Neffen, Söhne einer der älteren Schwestern, erhoben sich gegen sie, weil sie sich der Herrschaft eines Weibes nicht beugen wollten. Sie verheerten einen großen Teil des Landes, nahmen Cordelia schließlich gefangen und warfen sie in den Kerker. Diese, eine starke Frau von männlichem Mute, verzweifelte an ihrer Befreiung und nahm sich selbst das Leben.

Diesem Ablauf der Ereignisse bis zur Wiedereinsetzung Lears war das alte Drama ziemlich genau gefolgt. Als mögliche Quelle für Cordelias Ende bei Shakespeare hat man ein episches Gedicht „Wie sich Cordelia in Verzweiflung selbst tötet im Jahre 800 v. Chr.", das in dem 1587 erschienenen „Mirror for Magistrates" (Spiegel für Obrigkeiten) von Higgins veröffentlicht war, angenommen. Von den meisten Forschern wird aber seine Einwirkung bestritten, ebenso die des gelegentlich herangezogenen „Albion's England" von Warner. Dagegen ist die Übereinstimmung des Endes Cordelias zwischen Shakespeares Drama und Edmund Spensers „Fairy Queen" (Feenkönigin, zweiter Teil, 10. Gesang, Vers 27–32), einem 1590–96 erschienenen Werke, zu auffallend, als daß sie zufällig sein könnte. Es handelt sich hier nur um einen kurzen Auszug aus Holinshed, aber die Verteilung des Reiches nach der Frage des Königs und den Antworten der Töchter sind an den Anfang gestellt. Der Name Cordelia tritt hier zum erstenmal in der von Shakespeare gebrauchten Form auf, und sie wird am Ende von ihren Feinden erwürgt, worauf der alte Lear über ihrer Leiche zusammenbricht.

Von diesem Ende abgesehen, hat auch das alte „Leir"-Drama, das 1605 noch einmal gedruckt wurde, manche gemeinsamen Züge mit Shakespeares Werk. Von Anfang an entsagt der greise König seiner Macht und teilt sein Reich. Der französische König kommt persönlich nach England, um Cordelia zu sehen. Außerdem tritt ein Höfling Perillus auf, den man als Vorbild für den treuen Kent ansieht. Auch sonst gibt es manche Ähnlichkeit, und die Vermutung ist nicht abzuweisen, daß Shakespeares Stück als Konkurrenzunternehmen gegen eine andere Truppe gedacht war. Ridley spricht geradezu von „interesting and I think unmistakable echoes", „interessanten und, mir scheint, unmißverständlichen Anklängen".

Shakespeare verbindet die „Lear"-handlung aber mit der parallel laufenden Glosterhandlung. Hierfür hat man den 1590 erschienenen Schäferroman „Arcadia" des Sir Philipp Sidney (1554–86), den Martin Opitz (1642) für Deutschland bearbeitete, als Quelle erschlossen. Danach herrschte einmal im Königreich Galicia besonders strenge Winterkälte. Zwei Fürsten, die sich im Freien ergingen, litten so unter dem Sturm, daß sie in einer Höhle Schutz suchten. Darin gewahrten sie einen alten blinden Mann, der von einem Jüngling geführt wurde. Die Fürsten hatten ihren Platz so gewählt, daß sie von den beiden nicht gesehen werden, aber hören konnten, was sie sprachen. So erfuhren sie, daß der alte Mann den jüngeren bat, ihn zu meiden, weil sein Unglück zu groß sei, daß der Jüngling aber antwortete, daß es sein einziges Glück sei, ihm zu dienen. Da seufzte der Alte: „O, daß ich Verruchter einen so edlen Sohn habe!" Neugierig geworden stiegen die beiden Fürsten herab zu den beiden und fragten nach ihrer Herkunft. Sie erfuhren, daß der Alte der rechtmäßige Fürst von Paphlagonien sei. Sein natürlicher Sohn hatte ihn der Herrschaft und des Augenlichts beraubt und ihn ins Elend getrieben. Zu dem Verlassenen gesellte sich sein rechtmäßiger Sohn, der ihn führte. Ihn bat der unglückliche Vater, ihn auf einen Felsen zu führen, von dem ihn ein Sprung aus seinem Unglück befreien könnte. Der Sohn jedoch bittet die beiden Fürsten, zu denen er Vertrauen gefaßt hat, seinem unglücklichen Vater zu helfen.

Ehe die Fürsten antworten können, bekennt der Vater seine eigene Ruchlosigkeit. Durch neidische Verleumdungen des unehelichen Sohnes wurde er aufgestachelt, den rechtmäßigen Erben zu verstoßen. Er ließ ihn von Dienern in den Wald bringen, die den Auftrag hatten, ihn zu töten. Aber sie waren dem Sohne zugetan, ließen ihn leben, und er trat in das Heer eines anderen Fürsten ein, bei dem er es zu Rang und Ansehen brachte. Eben war ihm ein hohes Amt zugedacht, als er die Nachricht vom Elend seines Vaters erhielt. Sofort verließ er alles, um ihm beizustehen. Von seinem unehelichen Bruder drohte ihm die größte Gefahr, denn jeder, der dem Vater beistand, war mit dem Tode bedroht. Aber keine Bitte des Vaters, sich selbst zu schonen, bewegte ihn, den Elenden zu verlassen. Deshalb bat er ihn heute, ihn zu einem Felsen zu führen, von dem herab er den Tod suchen wollte, doch der gütige Sohn ahnte die Absicht des unglücklichen Vaters, und zum erstenmal erwies er sich ihm ungehorsam. Diese rührselige Geschichte ergab den Stoff zu der Glosterhandlung.

SHAKESPEARES VERHÄLTNIS ZU DEN QUELLEN

Man hat „König Lear" oft Shakespeares größte Tragödie genannt. Das kann dieses Stück gewiß nicht von der Fabel her sein, die ein im Grunde primitives Märchen ist, mag sie Shakespeare auch, wie alles, was bei Holinshed stand, für nationale Geschichte seines Volkes gehalten haben. Diese Fabel aber war nur der Rohstoff, aus dem Shakespeare seine Menschen formte. Er veränderte den Charakter Lears gegenüber Holinshed grundlegend. Schon Schücking sagte: „Ein König, der die Zuteilung seines Reiches an seine Kinder von der Schwülstigkeit ihrer Liebesbeteuerungen abhängig macht – der Gedanke wirkt wie vom Verfasser des „Playboy of the Western World" erfunden und kann wohl in der Tat nur in einem Volke geboren sein, das geneigt ist, sich an schöngefügten Worten zu berauschen. In diesem Zusammenhang weist er darauf hin, daß die Geschichte zuerst von dem Walliser Galfried von Monmouth erzählt wird (S. 177). An anderer Stelle aber führt er aus, daß Lear mehr an königlicher Hoheit, an Majestät mitgegeben wurde, als irgendeiner anderen Figur des Dichters: „Und die Stöße des Schicksals empfindet er deshalb unendlich viel schmerzlicher, als ein anderer Undankbarkeit und Schlechtigkeit, denn sie verwunden auf das grausamste seinen Stolz. Aber je ärger dieser verwundet wird, desto deutlicher zeigt sich seine Unzerstörbarkeit. Er geht nur mit dem Leben des Königs unter. Selbst der Wahnsinn vermag daran nichts zu ändern. Was andere in die Gefahr der Lächerlichkeit bringt, macht ihn nur hoheitsvoller. So ist denn in der Tat Lear — bringt man die Shakespearesche Auffassung vom Königtum mit — „jeder Zoll ein König" (S. 30).

Damit wird die Gestalt Lears zur einsamen Höhe des sakrosankten Königtumes nach der Auffassung der Shakespeare-Zeit gesteigert. Er ist nicht nur von Gottes Gnaden und deshalb unantastbar, er ist auch — als Oberhaupt des englischen Zweiges der einzig wahren katholischen Kirche — direkter Stellvertreter Christi auf Erden. Er vereinigt die Funktionen des Monarchen und des Papstes, steht aber noch höher als der Papst, weil dieser noch von Menschen gewählt wird, der König aber von Gott eingesetzt ist. Auch dort, wo er menschlich fehlbar ist und handelt, ja selbst wo er den Weg des Verbrechens ginge, gibt es keinen höheren Willen in der Welt als seinen. Wenn seine Stellung oder seine Person angetastet wird, so ist die gottgewollte Ordnung der Natur gestört, sie muß sich empören. Auch im „Macbeth" verkehrt sich die Ordnung der Natur, als Duncan ermordet wird, und ähnliche Gedanken lassen sich häufig bei Shakespeare nachweisen. Ein Vergehen am König steht dem Gottesraub und der Kirchenschändung gleich, es ist unsühnbar. Von hier aus gewinnt auch der Schluß der Tragödie seinen Sinn. Es mag richtig sein oder nicht, daß nationale Momente den Dichter mitbewegten, den Sieg Frankreichs über England nicht auf die Bühne zu bringen. Stichhaltig ist der Gedanke, daß sein Publikum ihm einen solchen Schluß verübelt hätte, gewiß nicht, denn es hat ihn dem offenbar sehr beliebten älteren „Leir"-Drama, das 1605 noch einmal gedruckt wurde, ohne weiteres abgenommen. Zwar spricht aus Shakespeares Werken an vielen Stellen ein großer nationaler Stolz, aber niemals findet man bei ihm nationales Ressentiment. Hier geht es um eine neue, erhöhte Idee des Königtumes, die der Verfasser des „Leir"-Dramas, der unbedenklich dem Chronisten folgt, nicht kennt, so daß sein Werk als Quelle für Shakespeare nur selten relativen Wert haben konnte. Die verletzte königliche Majestät ist nicht durch einfache Wiedereinsetzung erneut herzustellen, sie ist eine für den König als Menschen selbst tödliche Beleidigung, eine Störung der göttlichen Weltordnung, die nur durch eine völlig neue behoben werden kann. Nur der Tod Lears sichert die tragische Einheit seines Schicksals von Shakespeares hoher Idee vom Königtum her, alles andere ist bloß Historienspiel, noch keine Tragödie.

Darin aber liegt auch Cordelias Schuld. „Stolz, den sie Gradheit" nennt, wirft ihr der Vater vor. Sie liebt ihren alten Vater gewiß nicht weniger als ihre Schwestern, aber sie teilt mit ihm jenes hohe Selbstgefühl, das ihm als König allein zukommt. Aus dieser Majestät kann Lear ihre schlichte Wahrheit nicht erfassen, er hört in ihren Worten unnatürlichste kindliche Undankbarkeit. Lears eigene Natur wendet sich in Cordelia gegen ihn. Es ist, wie Frankreich es ausdrückt:

> „Ein Zaudern der Natur,
> Das oft die Tat unausgesprochen läßt,
> Die es zu tun denkt."

Damit verknüpft sich Cordelias Geschick auf das engste mit dem des Vaters, und Shakespeare bezog ihr nach Holinshed erst einige Jahre nach dem Tode des Vaters erfolgtes tragisches Ende mit in den Schluß der Tragödie ein. So ist „König Lear" keineswegs die „Tragödie des Alters", wie man gelegentlich meinte, sie ist auch nicht zuerst eine Demonstration der Schlechtigkeit der Welt und kindlichen Undankes. Daß die Welt unvollkommen ist und die Menschen in ihr oft böse, undankbar, unkindlich und grausam sind, war für den Dichter eine Binsenweisheit, ein Stück der Weltanschauung und keine tragische Idee. Diese ergibt sich vielmehr aus der Störung der allein den Bestand dieser zwischen Gott und Satan stehenden Welt sichernden, gottgewollten und deshalb natürlichen Ordnung im Zeichen des Königtumes. Ist diese Ordnung aber einmal gestört, so gerät die Welt in Unordnung und Aufruhr.

Über diese tragische Idee hinaus erweitert Shakespeare die Verhältnisse, in denen Lear zu seiner Umgebung steht. Er mußte, um die allgemeine Unordnung der Welt zu zeigen, den Rahmen notwendig erweitern. Aus dem ältlichen und schwächlichen Perillus des älteren „Leir"-Dramas, der als einziger ein zaghaftes Wort zur Verteidigung der jüngsten Tochter wagt, wurde der ehrliche, biedere, durch keine Bedrohung abzuschreckende Kent, der dann in unentwegter Treue seinem Herrn verkleidet folgt und in niedriger Stellung dient. Er ist ein Stück der alten Ordnung und muß deshalb auch die Schicksale seines Herrn teilen. Vor allem aber verband Shakespeare die „Lear"-Tragödie mit der auf Sidneys „Arcadia" zurückgehenden, aber weiter entwickelten Handlung um Gloster und seine beiden so grundverschiedenen Söhne, eine Handlung, die sich zu der rührseligen Geschichte des Romanes verhält wie ein gewaltiger erratischer Block neben einem Kiesel. Alle Verhältnisse sind auf England übertragen, die Namen sind gegenüber der Quelle geändert. Hier war eine Parallelhandlung gegeben, die beispielhaft ist für die Störung der gesamten Weltordnung, also auch für das Verhältnis zwischen Vater und Sohn. Das Schicksal Glosters steht so in einem engen ursächlichen Zusammenhang mit dem Lears, nicht nur äußerlich, sondern auch von der sittlichen Weltordnung her. Die Verbrechen der älteren Töchter aber sind ebenfalls zu letzter Unnatur übersteigert, die geheiligten Bande der Liebe und Ehe sind gefährdet und gestört, auch Regan und Goneril müssen untergehen, wenn eine neue göttliche Ordnung in der Welt herrschen soll. Diese Zusammenhänge sind trotz aller erschlossenen Quellen frei von Shakespeare erfunden, sie erst machen aus dem Werk das vielseitige Weltbild von erschütternder Tragik.

Schließlich führt Shakespeare völlig aus eigenem und nur in dieser Tragödie die Gestalt des Narren ein. Er ist keine komische Figur im eigentlichen Sinne, obwohl er seinem Berufe bis zu seinem letzten Auftritt treu bleibt. Er vertritt die schlichte Alltagsweisheit neben der großen inneren, eigentlich weltpolitischen Bewegung der Tragödie. Während es um die höchste Idee des Königtumes in einer gestörten allgemeinen Weltordnung geht, umreißt er in seinen einfachen Kommentaren und Gesängen die Nichtigkeit und Flüchtigkeit alles irdischen Machtstrebens und aller irdischen Herrlichkeit und Größe. Er spricht die Wahrheit, aber er ist – eben weil er der Narr ist – hoffnungslos unfähig, seinem Herrn zu helfen. Was er spricht, ist ebenso vernünftig, wie unheildrohend, weil in dieser gestörten allgemeinen Ordnung, in dieser Weltuntergangssituation, alle menschliche Vernunft sinnlos ist. Aber er trägt dazu bei, durch seine bittere Narrenweisheit die Tragik des Geschehens auf den Höhepunkt zu heben. Dann verschwindet er, etwa in der Mitte der Tragödie, aus dem Spiel. Er hat seine Funktion erfüllt, als Lear selbst dem Wahnsinn verfällt, und nun in tragischer Umkehrung der Narrheit die Unzulänglichkeit und Verderbtheit der Welt mit der Klarheit erkennt, die vorher, so lange er in seiner Verblendung verharrte, der Narr allein auszusprechen wußte, derjenige, der als einziger die Sinnlosigkeit des unzulänglichen menschlichen Strebens erkannte. Der König selbst sieht in der hilflosen Weisheit des auf das bloße Menschsein zurückgeworfenen alten Mannes sein Schicksal und das seiner Umwelt als Folge der durch sein Verschulden zum mindesten mitverursachten allgemeinen Unordnung. Jetzt ist die Rolle des Narren ausgespielt, das tragische Verhängnis ist unabwendbar und nimmt seinen Lauf, ohne daß menschliche Vernunft und Einsicht es noch zu ändern vermöchten. Wohl vermag selbst der irrende Geist des Königs die Zwangsläufigkeit des nahenden Verhängnisses zu erkennen, ihm dämmert sogar die wirkliche Ursache, aber über dem folgenden Ablauf der Tragödie und ihrem Schlusse steht die Ausweglosigkeit des „Zu spät!"

SACHLICHE UND TEXTKRITISCHE ERLÄUTERUNGEN

Zu einigen Namen:

Lear: in den älteren Quellen Leir, nach Llyr, dem Meeresgott der alten Briten.

Cornwall: Englands südwestlichste Grafschaft. Bis zu Shakespeares Zeit wurde hier die keltische Sprache bewahrt, Cornwall galt als grundverschieden vom übrigen England.

Albanien: engl.: Albany. Der Name hat natürlich nichts mit dem südosteuropäischen Lande zu tun. Er wird allgemein als alter Name Schottlands oder einer südlichen schottischen Landschaft gedeutet. St. Alban war der erste Märtyrer Englands, der um 303 in Verulam bei London hingerichtet wurde, wo später die Abtei St. Albans entstand. Auch englischer Herzogstitel.

Gloster: Gloucester; englische Grafschaft am Severn. Die Stadt wurde auf dem Boden des römischen, von Nerva begründeten Glevum errichtet. 1385 wird der jüngste Sohn Edwards III. zum Herzog von Gloucester erhoben. Den gleichen Titel führte der spätere König Richard III. Heute führt ihn ein Angehöriger der königlichen Familie.

Kent: südöstliche Grafschaft Englands, die wegen ihrer Lage zum Kontinent immer als Schlüssel zur Insel galt. Zur Zeit Shakespeares gab es keine Herzöge von Kent, erst 1799 wurde die herzogliche Linie begründet, nachdem 1740 die seit dem 12. Jahrhundert bestehende gräfliche Linie (earls) ausgestorben war.

„Arme Cordelia dann, und doch nicht arm“ (I, 1): engl. stärker noch: Then, poor Cordelia! and yet not so“; sie überlegt wohl noch, was sie antworten soll, erkennt aber auch schon: „my love's more richer than my tongue“ = meine Liebe ist viel stärker als meine Worte. Die Übersetzung „Meine Lieb' wiegt schwerer als mein Wort“ ist irreführend, da sie anstelle des Zweifels, den der englische Text ausdrückt, eine Hoffnung ausspricht.

„Bei Hekates Verderben!“ (I, 1): Baudissin folgt hier der Folio, in der „miseries of Hecate“ steht. Die anderen Ausgaben haben die heute allgemein als sicher angenommene Wendung „mysteries“ = Geheimnissen.

„Der rohe Scythe“ (I, 1): engl.: barbarious Scythian. Im Altertum galten die Skythen als das nördlichste Volk der Welt. Die Römer nannten alle Stämme nördlich ihrer asiatischen Reichsgrenze so. Nach Erfahrungen römischer Soldaten, die öfters Kämpfe mit ihnen zu bestehen hatten, galten sie als besonders grausam.

„Daß mich der Völker Eigensinn enterbt“ (I, 2): engl.: curiosity of nations; Gundolf übersetzte: Peinlichkeit; Schücking schlug vor: Zimperlichkeit. Es kann auch gedeutet werden: die verwunderlichen Gesetze der Staaten.

„Thoms aus Bedlam“ (I, 2): Bedlam ist entstellt aus Bethlehem, Name des alten Londoner Irrenhauses. Thoms steht in alter Zeit allgemein für Mann. Später ahmt der vertriebene Edgar tatsächlich den Thoms aus Bedlam, den irrsinnigen Bettler, nach.

„Fa, sol, la, mi ...“ (I, 2): italienische Notenbezeichnungen. Edmund summt sie vor sich hin, um nachdenklich zu erscheinen. Die deutschen Noten dafür sind f, g, a, e.

„nach Gloster“ (I, 5): Residenz des Herzogs von Cornwall, die in der Nähe des Schlosses des Grafen Gloster zu suchen ist.

„In Lipsburys Pferch“ (II, 2): engl.: „in Lipsbury pinfold“; noch die letzte Ausgabe des „Temple Shakespeare“ erklärt dazu: „Vermutlich eine sprichwörtliche Anspielung, zu der wir den Schlüssel verloren haben." Man hat angenommen, daß Lipsbury pinfold eine Boxarena gewesen ist.

„Ein Schurke bist du . . ." (II, 2): Die Schimpfwörter Kents sind zum Teil schwer übersetzbar und auch vom Übersetzer abgemildert; „Tellerlecker": engl. eater of broken meat = einer, der verdorbenes Fleisch ißt; „dreiröckig": three-suited, verschieden gedeutet: es kann sich auf Oswalds Geckenhaftigkeit beziehen; Brandl deutet es: mit drei Röcken versehen, um jeden nach einem anderen Wind zu hängen; eine andere Deutung zieht als Parallele das third-suited bei Ben Jonson heran, das besagen würde, Oswald trüge Kleider aus dritter Hand, also abgelegte; dazu würde „grobstrümpfig", engl. worsted-stocking = wollstrümpfig, passen, da ein vornehmer Herr zu Shakespeares Zeit seidene Strümpfe trug; „hundertpfündig" nach Brandl Schneidergewicht, nach Rauscher auf die Armut bezogen, da 100 Pfund das Mindesteinkommen eines gentleman waren; „milchlebrig": engl. lily-livered = weißlebrig, feige; „Ohrfeigen einsteckender": engl. action-taking = litigious = prozeß-, streitsüchtig; „Bastardpetze" engl. a mongrel bitch = Promenadenmischungsköter.

„Drahtpuppe Eitelkeit" (II, 2): Goneril; vielleicht denkt Shakespeare an die alten Moralitäten, bei denen Tugenden und Laster personifiziert auftraten.

„auf Sarums . . . Camelot" (II, 2): Sarum ist eine alte Stadt nahe Salisbury in einer früher wegen ihrer Gänsezucht berühmten Gegend. Camelot heißt das Schloß des sagenhaften Königs Arthur. Neuerdings wird es einfach als ein anderer, wegen Gänsezucht berühmter Ort gedeutet. Wahrscheinlich handelt es sich um eine sprichwörtliche Redensart.

„zaus in Knoten all mein Haar" (II, 3): engl.: elf all my hair in knots = verwirre mein Haar zu Elfenknoten = Weichselzöpfen, die vor allem bei Geisteskranken vorkommen, und deren Entstehung man den Elfen zuschrieb.

„an Tollhausbettlern" (II, 3): bei Shakespeare: Bedlam beggars = Bettler aus Bedlam, dem Londoner Irrenhaus.

„Thurlygood" (II, 3): volksetymologische Umdeutung von französisch Turlupin, dem Namen einer vagierenden Ketzersekte (Flagellanten) des 14. Jahrhunderts zu thoroughly good = durchaus gut, harmlos.

„Der trägt grobe Kniegürtel!" (II, 3): engl. he wears cruel garters = grausame Strumpfbänder, unübersetzbares Wortspiel mit garter = 1. Strumpf- (Knie)band, 2. Hosenbandorden. Später spricht der Narr von netherstocks = hölzerne Unterstrümpfe; ebenfalls Wortspiel zwischen stock = Block und stockings = Strümpfe.

„die alberne Köchin ...“ (II, 3): cockney wie cook = Köchin zu übersetzen, war sicher falsch. Der „Neue Temple Shakespeare“ erklärt das Wort als squeamish woman = empfindsame Frau; im „Oxford-Shakespeare“ wird es als one bred in the city and ignorant of all things out of it = jemand, der in der City aufgewachsen ist und nichts von den Dingen außerhalb ihr weiß, erklärt.

„Wenn Hosenlatz will hausen ...“ (II, 2): engl.: cod-piece, das auch als Spottname für Dummkopf gebraucht wird, hier für einen, der alles falsch macht, also auch, wie in der zweiten Strophe gesagt, seine Zehe zum Herzen macht, auf dem dann die anderen herumtrampeln können.

„Hier ist Gnade und Hosenlatz“ (III, 2): Seine Königliche Gnaden und ein Dummkopf, womit sich der Narr wohl selbst meint. Bei Schaller: Majestät und ein Hosenlatz.

„Wenn Priester Worte ...“ (III, 2): Die Prophezeiung des Narren, ein Solo, wird ziemlich allgemein als improvisierter Einschub des Schauspielers, der den Narren gab, angesehen. Nachdem durch endlose Häufung von Bedingungssätzen die Neugier des Zuschauers gespannt ist, schließt der Narr mit einer platten Selbstverständlichkeit. Die Prophezeiung ahmt einige Zeilen nach, die früher Chaucer zugeschrieben wurden und „Chaucer's prophecy“ heißen.

„Merlin“ (III, 2): sagenhafter, zauberkundiger Weiser am Hofe des altbritischen Königs Vortigern. Er gehört dem Sagenkreis um Artus an. Noch in Shakespeares Zeit schrieb man ihm politische Prophezeiungen zu. Der Text ist nur in der Folio erhalten, er fehlt in den Quartos.

„Diese Pelikantöchter“ (III, 4): Töchter, die sich – wie der Sage nach die Jungen des Pelikan – vom Blute der Mutter (hier des Vaters) ernähren.

„Pillikock saß ...“ (III, 4): Das Wort Pelikan erinnert Edgar an Pillikock und Pellicock, die Helden einer alten, unanständigen Ballade. Die Reminiszenz mag Shakespeares Publikum viel Vergnügen gemacht haben.

„Handschuhe an seiner Kappe trug“ (III, 4): Stutzer trugen den Handschuh, den ihnen eine schöne Dame verehrte, an der Kappe. Edgar gibt hier das Bild eines losen jungen Mannes der Shakespeare-Zeit.

„Heinonino, Dauphin, mein Junge“ (III, 4): aus einer Spottballade, die den französischen König seinen Dauphin vor einem vorüberreitenden englischen Ritter nach dem anderen warnen ließ: „Sessa, laß ihn vorbei“, wobei Sessa aus c'est ça entstellt und ein Spottwort für Franzosen ist.

„Flibbertigibbet“ (III, 4): Teufelsname aus Harsnetts „Erklärung papistischer Schwindeleien“, worin Teufelsbeschwörungen durch Jesuiten beschrieben werden. Aus dem gleichen Werk stammen auch die später vorkommenden Teufelsnamen Smolkin, Modo, Mahu und in III, 6 Hoptanz, Purr und Obidikus.

„St. Withold“ (III, 4): entstellt aus St. Vitalis, der hier statt des heiligen Georg als Patron gegen Alpträume erscheint.

„... und ihre neun Füllen“ (III, 4): engl.: her ninefold = neunfach. Die Füllen haben hier keinen Sinn. Wahrscheinlich hat Schaller recht, wenn er die Zeile: „he met night-mare and her ninefold“ in Anlehnung an germanische Zaubersprüche übersetzt: „Die Nachtmahr er traf und sie neunmal beschwor.“

„Doch Mäus' und Ratten ...“ (III, 4): Diese Verse sollen einer Ballade von „Sir Bevis of Hampton“ entlehnt sein, in der die Schicksale eines Gefangenen besungen werden.

„Herr Roland kam ...“ (III, 4): entstellt aus einer Roland-Ballade. Statt „seid auf der Hut“ hat das Original „Fie, foh and fum“ = etwa: Pfui, Huh und pah, drei Exklamationen, die Ekel ausdrücken. Statt „Turn“ = tower ist wahrscheinlich Stadt = town zu lesen.

„Nero fischt im Pfuhl“ (III, 6): Seit dem Mittelalter bereitete es schriftstellernden Mönchen ein Vergnügen, sonderbare Strafen für Nero zu ersinnen. Rabelais im „Gargantua“ ließ ihn in der Hölle fischen.

„Doch wo ist Cajus?“ (V, 3): Unter diesem Namen diente der verbannte Kent dem König. Er kommt hier zum erstenmal vor.

„Eure ältern Töchter legten Hand an sich ...“ (V, 3): bei Shakespeare: your eldest daughters have foredone themselves, and desperately are dead = Eure älteren Töchter haben sich selbst umgebracht und sind hoffnungslos tot, d. h. zur ewigen Verdammnis verurteilt, da Selbstmord eine selbstverständlich nicht mehr zu büßende Todsünde ist. Darauf kann Lear antworten: Ay, so I think; sein Fluch hat sich erfüllt.

„Laßt uns der trüben Zeit gehorchend ...“ (V, 3): Diese Schlußrede ist in der Folio Edgar zugeschrieben. Sie ist recht ungenau übersetzt. Der Sinn ist etwa: Wir müssen uns dem Gewicht dieser traurigen Zeit fügen und sagen, was wir fühlen, nicht was wir sagen sollten. Die Ältesten haben am meisten ertragen, wir, die wir jung sind, werden nie so viel sehen und auch nicht solange leben.

GANG DER HANDLUNG

Erster Aufzug

1. Szene

Im Palast des Königs Lear warten die Grafen Gloster und Kent auf den König. Gloster hat seinen natürlichen Sohn Edmund, der eben von langjährigem Auslandsaufenthalt zurückgekommen ist, bei sich und macht einige unanständige Witze über dessen Herkunft. Kent zeigt sich von dem gewinnenden Äußeren Edmunds sehr beeindruckt.

Feierlich treten Lear, seine Töchter und seine beiden Schwiegersöhne auf. Lear befiehlt, den König von Frankreich und den Herzog von Burgund, die sich beide um seine jüngste Tochter Cordelia bewerben, zu holen. Dann verkündigt er seinen Beschluß, sein Reich – Landbesitz und Staatsgeschäfte – jüngeren Kräften anzuvertrauen und unter die drei Töchter zu teilen. An die Übergabe knüpft er die Bedingung, daß ihm die Töchter die Größe ihrer Liebe zu ihm darlegen, damit er herausfinde:

„Welche von euch liebt uns nun wohl am meisten?"

Ihr will er den reicheren Anteil geben. Mit überschwenglichen Worten versichern ihm die beiden älteren, Goneril und Regan, daß es für sie kein größeres Glück gebe, als dem Vater Liebe erweisen zu können. Beiden übergibt Lear ein Drittel seines Besitzes. Dann fordert er seine Lieblingstochter, seine Jüngste, auf, zu sprechen. Zu seinem Schrecken erklärt sie, ihn so zu lieben, „wie's meiner Pflicht geziemt, nicht mehr, nicht minder". Auf sein Drängen hin führt sie noch deutlicher aus, daß sie, wenn sie sich einmal vermähle, ihre Liebe pflichtgemäß zwischen dem Gatten und dem Vater teilen würde. Im höchsten Zorn entzieht ihr Lear das ihr gebührende Drittel des Reiches und sagt sich von ihr los. Graf Kent, der versucht, ihn zur Vernunft zu mahnen, wird zurechtgewiesen. Cordelias Anteil wird nun unter die beiden anderen Töchter verteilt. Lear behält sich nur den königlichen Titel vor. Er wird in Zukunft abwechselnd je vier Wochen mit hundert Rittern bei einer der Töchter wohnen. Kent versucht erneut, den König von diesem Plan und von der Verstoßung der jüngsten Tochter abzubringen, erreicht aber nur, daß der ergrimmte Lear ihn verbannt.

Der König von Frankreich und der Herzog von Burgund werden nun gefragt, ob sie sich auch dann um Cordelias Hand bewerben, wenn sie statt des Besitzes den väterlichen Fluch als Mitgift bringt. Der Herzog von Burgund zieht sich daraufhin zurück. Der König von Frankreich aber, der Cordelia wahrhaft liebt und des Vaters Gründe nicht gelten läßt, stellt den menschlichen Wert über den Besitz und nimmt sie zur Gemahlin. Mit einer Ermahnung an die Schwestern, dem Vater liebevoll zu begegnen, scheidet Cordelia.

Goneril und Regan aber schmieden, sobald sie allein sind, Pläne, wie sie die Rechte, die sich der Vater vorbehalten hat, schmälern und ihn demütigen können. Als Vorwand nehmen sie dafür sein jähzorniges und unberechenbares Verhalten gegenüber Cordelia, das sie seinem kindisch gewordenen Alter zuschreiben.

2. Szene

Auf Glosters Schloß beklagt sich Edmund in einem Monolog darüber, daß ihn seine uneheliche Geburt hinter seinen Bruder Edgar zurückdrängt. Er fühlt sich ebenso adlig und zur Herrschaft berufen wie der Echtgeborene. Als vollendeter Bösewicht entschließt er sich, durch betrügerische Machenschaften dem ebenbürtigen Sohne die Liebe des Vaters zu entziehen und den Mangel seiner Abkunft auszugleichen. Er will Graf von Gloster werden. Als der Vater auftritt, spielt Edmund auffällig mit einem Brief, als ob er ihn verbergen müsse. In der Handschrift seines Bruders hat er ihn selbst verfaßt. Angeblich fordert ihn Edgar darin auf, den Vater zu beseitigen, um dann dessen Besitz mit ihm zu teilen. Durch Ausflüchte, die scheinbar von Vater- und Bruderliebe diktiert sind, gewinnt er das volle Vertrauen des Vaters, der nun, als er ihm unter Selbstvorwürfen über sein unbrüderliches Verhalten den Brief gibt, bedingungslos glaubt, was er liest. Edmund tut, als ob er an der Echtheit des Briefes zweifle und erbietet sich, eine Unterredung mit Edgar führen zu wollen, der der Vater ungesehen lauschen könne, um so die wahre Gesinnung des Bruders zu erkennen.

Mit düsteren Gedanken über die allgemeine Verwirrung in der Welt, die er auf kürzlich stattgefundene Sonnen- und Mondfinsternisse zurückführt, entfernt sich Gloster. Edmund spottet hinter ihm her über seinen Aberglauben, der alles Böse in der Welt den Sternen zuschieben möchte. Er selbst will böse sein, gleichgültig wie die Gestirne stehen. Als dann Edgar auftritt, spielt er den Betrübten, und mit verstellter Besorgnis fragt er den Bruder, ob er im Zorn vom Vater weggegangen sei. Als Edgar sich keiner Spur schlechten Einvernehmens zwischen sich und dem Vater erinnern kann, spricht Edmund die Vermutung aus, jemand müsse ihn beim Vater verleumdet haben. Dieser sei so aufgebracht gegen ihn, daß er sogar um seine persönliche Sicherheit fürchten müsse und daher nur bewaffnet ausginge. Er rät dem erschrockenen und ratlosen Bruder, sich in seinem Zimmer zu verbergen. Vertrauensvoll folgt Edgar dem Rat des Bruders.

3 Szene

Vor dem Palast des Herzogs von Albanien befragt Goneril den Haushofmeister über das Verhalten der Leute ihres Vaters, der jetzt bei ihr weilt. Es gab Spannungen zwischen des Königs und des Herzogs Bedienten. Goneril verlangt von dem Haushofmeister, daß er sich gegenüber dem König lässiger zeige, er soll auch die Dienerschaft dazu anhalten. Sie will auch ihrer Schwester schreiben, damit diese genauso verfährt wie sie, also dem Vater unfreundlich begegnet.

4. Szene

Lear kommt von der Jagd zurück. Der verbannte Kent tritt als Diener verkleidet auf, um dem König seine Dienste anzubieten. Durch seine derbe, rasch zufassende Behandlung des unverschämt auftretenden Haushofmeisters gewinnt er den König für sich und wird angenommen, nachdem er sich ihm in einem teils ironischen, teils komischen Gespräch gewissermaßen vorgestellt hat.

Lears Narr, der aus Kummer über Cordelias Verstoßung zwei Tage fernblieb, erscheint wieder. In bitteren Worten hält er dem König seine jetzige Lage vor und bietet ihm seine Narrenkappe an, weil er sich selbst zum Narren seiner Töchter gemacht habe. Goneril kommt hinzu und erhebt bewegte Klage über die Zügellosigkeit des königlichen Gefolges. Ihr Plan, dem Vater die letzte königliche Macht zu nehmen, ihn „zum gehorsamen Vater" zu machen, wie der Narr spottet, wird immer deutlicher. Als Lear nicht verstehen will, zeigt sie ihre Herzlosigkeit und Rücksichtslosigkeit deutlicher und verlangt von ihm, die Zahl seines Gefolges zu verringern. Empört ruft Lear nach den Pferden, um sofort Albaniens Hof zu verlassen. Der Herzog kommt hinzu, vermag sich aber nicht gegen seine Frau durchzusetzen. Mit einem grauenhaften Fluch verläßt Lear sie, um zu Regan, deren Liebe er mehr vertraut, zu reiten.

5. Szene

Vor dem Schlosse Albaniens übergibt Lear dem Diener Kent einen Brief an Regan, in dem er seine Ankunft meldet. Der Narr mißtraut auch dieser Tochter, von der er meint, daß sie der anderen „so gleich sein werde wie ein Holzapfel einem anderen". In Lear aber taucht die erste Ahnung auf, daß er Cordelia unrecht getan hat. Gleichzeitig erscheint ihm vage der Plan, mit Gewalt zurückzunehmen, was er bereitwillig verschenkte. Der Narr aber hält seinen Gefühlsausbrüchen seine Narrenweisheit entgegen: „Du hättest nicht alt werden sollen, ehe du klug geworden wärest!"

Zweiter Aufzug

1. Szene

Vor dem Schlosse des Grafen Gloster teilt ein Höfling des Herzogs von Cornwall Edmund mit, daß der Herzog mit seiner Gemahlin noch am gleichen Abend eintreffen werde. Gleichzeitig deutet er an, daß man davon munkelt, ein Krieg zwischen Cornwall und Albanien stehe bevor. Edmund beschließt sofort, die Ankunft des Herzogs für seine finsteren Pläne auszunutzen. Er ruft Edgar, teilt ihm die bevorstehende Ankunft des Herzogs mit und fragt ihn, ob er etwa gegen diesen gesprochen habe. Edgar verneint wahrheitsgemäß. Da hört Edmund den Vater kommen, fordert Edgar auf, das Schwert zu ziehen, zum Schein mit ihm zu kämpfen und dann zu entfliehen. Um den Scheinkampf glaubhafter zu machen, verwundet er sich selbst am Arm. Ehe Gloster auftritt, ist Edgar fort. Edmund erzählt nun dem abergläubischen Vater, Edgar habe ihm mit teuflischen Zauberkünsten schaden wollen und ihn, als er ihn festnehmen wollte, verwundet. Jetzt ist Gloster vollends von den verbrecherischen Absichten seines Sohnes überzeugt, verstößt ihn und setzt Edmund als seinen Erben ein. Auf Edgars Kopf aber wird ein Preis ausgesetzt.

2. Szene

Vor Glosters Schloß trifft Kent bei seinem Botenritt auf den Haushofmeister, dessen Botschaft, wie er weiß, gegen den König gerichtet ist. Seine Wut bricht sich Bahn in einer Flut von Beschimpfungen gegen den geckenhaften Schurken, schließlich läßt er sich vom Zorn übermannen und zieht das Schwert gegen ihn. Der erschrockene Feigling ruft um Hilfe, worauf Cornwall, Regan, Gloster und Edmund herbeieilen. Als Kent sich als Bote des Königs zu erkennen gibt und der Grund für sein gewalttätiges Verhalten gegen den Haushofmeister aufgedeckt wird, lassen Cornwall und Regan Kent in den Block legen, ohne auf Glosters Warnung, daß diese entehrende Behandlung seines Boten den König kränken müsse, zu achten. Als die anderen sich entfernt haben. versucht Gloster Kent zu trösten. Dieser findet sich in seine Lage und will schlafen. Für den König fürchtet er freilich, daß er „aus dem Regen in die Traufe" kommt. Seine Hoffnung richtet sich jetzt auf Cordelia. Er hat Briefe, daß sie und ihr Gatte mit einem Heer in Dover gelandet sind, um den in seinem Recht gekränkten König zu schützen.

3. Szene

Auf einsamer Heide tritt Edgar auf. In seinem Versteck hat er seine Achterklärung mit angehört. Er beschließt nun, den irrsinnigen Bettler aus Bedlam, den „armen Thoms", zu spielen, um sich so der Verfolgung zu entziehen.

4. Szene

Lear kommt zu Glosters Schloß und sieht mit Verwunderung, daß sein Bote, dessen Rückkehr er erwartete, hier in den Block gelegt worden ist. Trotz Kents Versicherung will Lear nicht glauben, daß seine Tochter seinen Boten so unehrenhaft behandelt hat. Er eilt ins Schloß, um mit Regan zu sprechen. Der sich selbst und seinem König immer treue Narr verspottet indessen die Gutgläubigkeit seines Herrn, der jetzt um die Gunst seiner Töchter anhalten muß.

Lear kommt mit Gloster zurück. Seine Tochter weigert sich unter dem Vorwand, sie sei von der Reise zu ermüdet, ihn zu sprechen. In ihm steigt der Groll auf, aber seine Güte und sein Gerechtigkeitsgefühl lassen ihn noch nach Vernunftgründen suchen, die sein Kind rechtfertigen. Er verlangt jetzt, mit dem Herzog zu sprechen; als dieser mit Regan erscheint, empfängt er sie freundlich und beteuert sein Vertrauen in ihre kindliche Liebe. Um so enttäuschter ist er, als Regan kaltsinnig Gonerils Handlungsweise billigt. Er kämpft um die Liebe der zweiten Tochter und zeigt sich in seiner Erschöpfung bereit, in vielem nachzugeben, er bittet schließlich kniend:

„Gewähre mir Bekleidung, Kost und Bett."

Aber Regan weist ihn zurück. Er soll zu Goneril zurückkehren. Noch immer nicht will Lear Regans wahres Wesen begreifen, als plötzlich Goneril auftritt. Nun erkennt der verblendete Lear endlich, daß beide Töchter gegen ihn verschworen sind. Sie verlangen von ihm, daß er sein ganzes Gefolge entläßt. Der dem Wahnsinn nahe König erkennt, daß er nur zwischen der ruchlosen und ruchloseren Tochter zu wählen hat. Blind vor Wut, sich überstürzende, halbirre Rachepläne wälzend, reitet er davon, während die übrigen vor dem aufkommenden Sturm ins Schloß zurückflüchten. Regan aber faßt Verdacht gegen Gloster, der dem König nacheilte.

Dritter Aufzug

1. Szene

In einem furchtbaren Unwetter hat Kent den König auf der Heide verloren. Als er nach ihm sucht, stößt er auf einen ebenfalls verirrten Ritter aus dem Gefolge. Ohne sich zu erkennen zu geben, aber doch andeutend, daß er mehr ist, als er seinem jetzigen Äußeren und seiner Stellung nach scheine, gibt er dem Ritter den Auftrag, nach Dover zu reiten und Cordelia einen Brief zu übermitteln, der des Königs furchtbare Lage schildert.

2. Szene

Lear, nur noch begleitet von dem treuen Narren, irrt in höchster, die Grenzen des Wahnsinns bereits überschreitender Raserei aus Wut, gekränkter Würde und Verzweiflung über die Heide. Der Narr begleitet seine furchtbaren, dem Aufruhr der Natur gleichlaufenden Ausbrüche mit seiner Narrenweisheit, dem schlichten, von keiner Konvention und keiner Gefühlsverirrung beeinflußten Menschenverstand. Lear verflucht selbst die Natur, weil sie sich hier zu Helfershelfern seiner unnatürlichen Töchter macht. Dabei verfällt er immer mehr in Wahnvorstellungen. Erst als Kent den König findet, gelingt es ihm, ihn zu beruhigen und zu einer Hütte zu führen, die etwas Schutz gegen das Unwetter bietet.

Seit jeher ist diese Szene als Höhepunkt der Tragödie angesehen worden.

3. Szene

In Glosters Schloß beklagt der alte Graf gegenüber seinem Sohn Edmund die unnatürliche Behandlung Lears durch seine Töchter. Er vertraut ihm an, daß er trotz des ausdrücklichen, schwerste Strafen vorsehenden Verbotes Cornwalls entschlossen ist, dem alten König zu helfen. Gleichzeitig berichtet er seinem Sohn von einem Brief, der die Landung des französischen Heeres meldet. Edmund soll Cornwall erzählen, sein Vater fühle sich nicht wohl und sei zu Bett gegangen. Edmund gibt heuchlerisch dem Vater recht, aber als er fort ist, um zu Lear zu eilen, sieht er seine Stunde gekommen. Er wird Cornwall von dem Brief, der Frankreichs Landung meldet, berichten und damit den Tod seines Vaters und seinen eigenen Aufstieg erreichen.

4. Szene

Kent hat Lear zu der Hütte geführt. Der König will aber die Hütte nicht betreten. Der Aufruhr der Natur entspricht ganz dem Aufruhr in seinem Innern. Hier fühlt er sein eigenes Schicksal eins mit dem der Welt. Er erkennt, daß er dem Wahnsinn nahe ist. Endlich läßt er sich überreden, schickt aber in seiner Güte zuerst den Narren in die Hütte, der schreiend wieder herausstürzt, weil er dort den sich wahnsinnig stellenden Edgar vorfand. Dieser tritt nun in Bettlertracht heraus. Die Begegnung mit ihm läßt bei Lear den Wahnsinn vollends zum Ausbruch kommen, so daß nun der verstellte und wahrhaft Wahnsinnige einander gegenüberstehen und miteinander „philosophieren". Lear erkennt jetzt im Wahn die ungeheure Not, die in der Welt herrscht, die Not der Armut und der Heimatlosigkeit. Sein Wahn führt sein und Edgars Elend auf unnatürliche Töchter zurück.

Gloster hat seine Absicht verwirklicht und den König aufgesucht. Er darf ihn nicht auf sein Schloß bringen, bietet sich aber an, ihn zu einem getreuen Mann zu führen, der ihm „Mahl und Feuer bereitet". Lear willigt endlich ein, verlangt aber, daß der „Philosoph" Edgar mitkommt.

5. Szene

Edmund hat Cornwall den Brief übergeben, den Gloster ihm anvertraute, und der die Landung des französischen Heeres meldet. Voll Rachedurst will der grausame Cornwall den alten Grafen auf das härteste bestrafen. Edmund soll helfen, den Vater, den „Landesverräter", zur Rechenschaft zu ziehen. Er wird in alle Besitzungen und Titel des Grafen von Gloster eingesetzt.

6. Szene

Gloster hat Lear und seine Begleiter zu einer Bauernhütte geführt, wo sie Schutz vor dem Unwetter finden. Aber der Wahnsinn des Königs läßt nicht nach. Er bildet sich ein, seine Töchter vor sich zu haben und bestellt mit dem sich toll stellenden Edgar und dem Narren ein Gericht über die Undankbaren. Kent versucht, den König zu bewegen, sich ein wenig zur Ruhe zu legen. Da kommt Gloster mit der Nachricht, daß Goneril und Regan einen Anschlag auf das Leben des Vaters planen. Er rät, den König nach Dover zu bringen. In Eile brechen alle auf. Nur Edgar bleibt zurück, der über das Unglück der Großen nachsinnt. Gleichzeitig steigt in ihm die Hoffnung auf, daß mit der Wiederherstellung des Rechtes des Königs auch das an ihm begangene Unrecht wieder gutgemacht werden könnte.

7. Szene

Auf Glosters Schloß verlangt Cornwall von Goneril, daß sie schleunigst abreist, um ihrem Gatten die Landung der französischen Truppen bekanntzugeben. Von seinen Bedienten fordert er, daß sie Gloster suchen, den Regan sofort gehängt wissen will, während Goneril fordert, daß er geblendet wird. Cornwall ersucht Edmund, Goneril auf der Heimreise zu begleiten. Der Haushofmeister meldet, daß Gloster Lear dazu verhalf, nach Dover zu entkommen.

Gloster wurde gefangen und wird hereingeführt. Cornwalls Anschuldigungen, Hochverrat geübt zu haben, weist er entrüstet zurück. Regan zupft ihn ohne Rücksicht darauf, daß sie sein Gastrecht genießt, verächtlich am Bart. Cornwall will wissen, wohin er den König geschafft habe. Gloster gerät in gerechte Wut, und er wirft Regan und Cornwall ihre Undankbarkeit gegenüber dem unglücklichen König vor. Darauf drückt ihm Cornwall ein Auge aus. Diese Grausamkeit veranlaßt einen Diener, entgegenzutreten und die Waffe zu zücken, aber Regan ersticht ihn von rücklings. Erregt über diesen Vorfall, zerstört Cornwall auch Glosters zweites Auge und verlangt, daß er vor die Türe gesetzt wird. Da er aber bei dem Kampf mit dem Diener selbst verwundet wurde, muß er sich von Regan wegführen lassen. Mitleidige Diener verbinden Glosters Wunden und bringen ihn zu dem „Tollen", zu Edgar, um ihm einen Führer zu verschaffen.

Vierter Aufzug

1. Szene

Auf der Heide trifft Edgar, der über die Wechselhaftigkeit des Schicksals nachsinnt, seinen geblendeten Vater, den ein alter, treuer Pächter trotz aller Gefahr, die ihm wie jedem anderen, der Gloster hilft, von Cornwall angedroht wurde, führt. Schwerer noch als der Verlust der Augen quält das Bewußtsein seiner früheren Verblendung, die den guten Sohn Edgar verstieß und den Bösewicht Edmund emporhob, den alten Mann. Edgar ist erschüttert über sein Unglück, er gibt sich aber nicht zu erkennen und spielt weiter den tollen Bettler. Gloster fordert ihn auf, ihn nach Dover auf einen bekannten Felsen zu führen, von dort will sich Gloster selbst von seinem Elend befreien.

2. Szene

Goneril und Edmund treffen auf Albaniens Schloß ein. Unterwegs entspann sich zwischen beiden ein Liebesverhältnis, das in Goneril schon jetzt den Gedanken an die Beseitigung ihres Gatten aufkommen läßt. Der Haushofmeister, der vorausgeschickt wurde, berichtet, daß Albanien sehr verändert sei, daß er mit Verachtung und Abscheu vom Verhalten Regans auf Glosters Schloß vernommen habe. Goneril erklärt seine Haltung verächtlich als Äußerung seiner Feigheit. Da sie aber Edmund die Begegnung mit ihrem Gatten nicht zumuten will, entläßt sie ihn mit einem Geschenk.

Der Herzog tritt auf. Er ist entsetzt über die Grausamkeit Gonerils, die den königlichen Vater in die Sturmnacht verstieß, die ihn dem Wahnsinn preisgab. Nur noch Haß und Verachtung kennt er für sie, die ihm wie ein Teufel erscheint. Nur daß sie Weib ist, schützt sie vor seinem Zorn. Das Gespräch wird durch einen Boten unterbrochen, der meldet, daß Cornwall an der Verwundung, die ihm der Diener bei der Blendung Glosters beibrachte, gestorben ist. Weiter bringt er einen Brief Regans an Goneril. Diese fürchtet, daß Regan als Witwe ihr Edmund entreißen könnte. Andererseits plant sie, Cornwalls Anteil am Reich für sich zu gewinnen. Albanien aber ist entschlossen, das an Gloster begangene Verbrechen zu rächen.

3. Szene

Kent ist im französischen Kriegslager eingetroffen. Er erkundigt sich bei einem Edelmann über den Grund der plötzlichen Abreise des Königs von Frankreich und erfährt, daß wichtige Staatsgeschäfte ihn zurückriefen. Der Edelmann berichtet weiter über den tiefen Schmerz, den Cordelia empfand, als sie aus Kents Brief von der Verlassenheit und dem Elend des Vaters erfuhr. Kent berichtet nun, daß Lear sich in Dover befindet, aber immer noch umnachtet ist. In seiner Scham über das an Cordelia begangene Unrecht weigert er sich, die Tochter zu sehen. Kent bringt den Edelmann zum König, damit er sich seiner annehmen soll.

4. Szene

Im freien Feld erfährt Cordelia, daß der Vater aus dem Hause, in das ihn Kent führen ließ, entflohen ist und sich, mit Kränzen aus wilden

Blumen geschmückt, an unbekanntem Ort aufhält. Nach allen Richtungen werden Männer ausgeschickt, um ihn zu suchen. Mit einem Arzt berät sie Mittel zur Heilung Lears. Ein Bote kommt hinzu und berichtet, daß das britische Heer in die Nähe gerückt ist. Die Schlacht steht kurz bevor.

5. Szene

Der Haushofmeister kommt mit einem Brief Gonerils an Edmund zu Glosters Schloß, trifft aber nur Regan an, da Edmund bereits im Felde steht. Die Eifersucht Regans befürchtet ein geheimes Einverständnis zwischen Edmund und der Schwester. Sie sucht den Haushofmeister zu überreden, ihr den Brief zu geben. Als dieser sich aber nicht darauf einläßt, erklärt sie ihm offen, daß sie und Edmund sich einig sind und besser zueinander passen als er und Goneril. Dann fordert sie ihn auf, den „blinden Hochverräter" zu erschlagen, wenn er ihn findet, und setzt einen hohen Lohn aus für den, der Gloster beseitigt.

6. Szene

Edgar hat den geblendeten Vater an einen Platz in der Nähe Dovers geführt und redet ihm ein, er stehe auf dem Gipfel des Felsens, zu dem er ihn führen sollte. Gloster läßt sich durch Edgars beredte Beschreibung der grauenvollen Tiefe, die vor ihm liegen soll, täuschen. Er belohnt seinen Führer mit einem reichen Geldgeschenk, fordert ihn auf, sich zu entfernen, stürzt sich dann in den vermeintlichen Abgrund und fällt zu Boden. Mit besorgtem Herzen beobachtet Edgar den Vorgang, seine Absicht ist, den Vater aus der Verzweiflung der Selbstmordgedanken zu retten. Er spielt nun einen Fremden, der zufällig am Fuße des Felsens den schrecklichen Absturz Glosters sah. Es sei ein unbegreifliches Wunder, redet er ihm ein, daß er solchen Sturz überlebt habe. Gloster aber klagt, daß ihm die Wohltat, sich durch einen frei gewählten Tod der Wut der Tyrannen zu entziehen, versagt sei. Darauf stellt ihm Edgar seine Selbstmordgedanken als Versuchung des Teufels dar. Er bringt ihn dazu, seine Rettung als eine Weisung der Götter anzusehen, die sicher Besonderes mit ihm wollen, da sie ihn auf so wunderbare Weise retteten. Gloster entsagt nun jedem weiteren Gedanken an Selbstmord.

Lear kommt hinzu. Er ist mit Blumenkränzen geschmückt, wie ihn Cordelia IV, 4 schilderte. Sein Wahnsinn ist jetzt ganz von seinen Racheplänen bestimmt. Er bildet sich ein, vor einem Kriegszug zu stehen und will Soldaten anwerben. In furchtbaren Verwünschungen ergeht er sich über seine unnatürlichen Töchter, grauenvoll malt er die Verkommenheit der Welt und die sündige Begier aller Menschen aus. Gloster erkennt den König an der Stimme, einen Augenblick erkennt ihn auch Lear. Aber dann bricht erneut der Wahn durch, Lear will predigen, kommt aber wieder auf seine wirren Kriegspläne.

Einige Bediente, die Cordelia ausschickte, den Vater zu suchen, kommen hinzu. Da sie den fortstrebenden König festhalten, glaubt sich dieser gefangen. Er versucht erneut, ihnen zu entfliehen. Edgar fragt den Edelmann, der den Trupp führt, ob ein Treffen bevorsteht, und erfährt, daß man stündlich den Ausbruch des Kampfes erwartet. Eben will Edgar den Vater wegführen, da kommt der Haushofmeister Gonerils auf der Suche nach Edmund hinzu. Er will sich gleich den auf Glosters Kopf gesetzten Preis verdienen. Edgar aber verteidigt den Vater und erschlägt den Prahler, der ihn im Sterben bittet, den Brief, den er bei sich trägt, richtig zu bestellen. Edgar öffnet den Brief und erfährt, daß Goneril ihren Geliebten auffordert, den Gatten in der Schlacht so zu ermorden, daß der Eindruck entsteht, er sei gefallen. Er beschließt, dem vom Tode bedrohten Albanien diesen Brief zu übergeben.

7. Szene

Cordelia dankt dem getreuen Kent für die Dienste, die er dem Vater in seiner schweren Lage erwiesen hat. Der Arzt hat dem kranken König ein Schlafmittel gegeben; in einem Sessel wird er schlafend hereingebracht. Er wird liebevoll aufgeweckt, sieht sich aber verständnislos der fremden Umgebung gegenüber. Anfangs glaubt er, er sei im Fegefeuer und Cordelia sei ein Engel. Dann kommt er wieder zu sich und erkennt sein Kind. Aber er kann alles Neue, das ihn umgibt, noch nicht erfassen, demütig bittet er für seinen Zustand um Verzeihung. Bereitwillig läßt er sich von Cordelia wegführen. Kent erfährt von einem Edelmann, daß Cornwall erschlagen wurde und Edmund seine Truppen führt.

Fünfter Aufzug

1. Szene

Im britischen Feldlager bei Dover. Edmund sendet einen Hauptmann an Albanien, um endgültig seinen Kriegsplan zu erfahren. Die eifersüchtige Regan versucht, ihn über sein Verhältnis zu Goneril auszufragen. Edmund versichert ihr auf Ehre, daß ihn nichts mit Goneril verbindet. Albanien und Goneril kommen hinzu, und sofort äußert sich wieder Gonerils Eifersucht auf ihre Schwester. Albanien erklärt, daß er kämpfen werde, um die französischen Eindringlinge aus dem Reiche zu vertreiben, daß er aber die Sache des Königs und seiner Getreuen selbst zu vertreten bereit ist. Er will Kriegsrat halten. Als er das Zelt betreten will, nähert sich ihm Edgar mit dem Brief, den er dem Haushofmeister abgenommen hat, und bittet ihn, wenn er siegt, durch einen Herold zum Zweikampf blasen zu lassen. Er werde dann den Kämpfer stellen, der die Wahrheit des Briefes beweise. Edmund kommt zurück und meldet, daß der Feind anrückt. In einem Monolog wägt er dann ab, welche Vorteile ihm die Verbindung mit Regan oder Goneril bringt. Er wird sich darüber klar, daß keiner froh wird, wenn beide leben. In der Schlacht aber braucht er noch Albaniens Ansehen. Er hofft, daß Goneril später Gelegenheit finden wird, „ihn schnell hinwegzuräumen". Auf jeden Fall aber ist Edmund entschlossen, die von Albanien vorgesehene Begnadigung Lears und Cordelias zu verhindern. In seiner Stellung kann nur entschlossene Tat helfen.

2. Szene

Hinter der Szene hört man den Lärm der Schlacht. Edgar hat seinen Vater an einen geschützten Platz geführt und eilt fort, um den Ausgang des Kampfes zu erfahren. Er kommt mit der Nachricht zurück, daß das französische Heer geschlagen und Lear samt seiner Tochter gefangen ist. Als Gloster wieder in die alte Verzweiflung und in Lebensüberdruß verfällt, bringt ihn Edgar mit der Bemerkung, daß es des Menschen Bestimmung in der Welt sei zu leiden, wieder zu sich. „Reif sein ist alles", lautet das Wort, auf das hin sich Gloster entschließt, das Leben weiter zu wagen.

3. Szene

Lear und Cordelia werden als Gefangene Edmunds ins britische Feldlager gebracht. Edmund befiehlt, sie ins Schloß zu Dover zu bringen. Lear hat seine schwere Lage ganz vergessen, nur wie von fern berühren ihn noch „Ränk' und Spaltungen der Großen", alles ist übersonnt von der Glückseligkeit, mit seinem liebsten Kinde Cordelia wieder vereint zu sein. Als sie abgeführt sind, befiehlt Edmund einem Hauptmann, der ihm bedingungslos ergeben ist, ihnen nach Dover zu folgen und hart und erbarmungslos den Auftrag auszuführen, den er ihm in einem Briefe mitgibt. Albanien, Goneril und Regan kommen hinzu. Albanien rühmt die Tapferkeit Edmunds, verlangt dann aber von ihm die Gefangenen. Als dieser Einwände macht und die Auslieferung verzögern will, erklärt ihm Albanien, daß er zwar die Truppen

Regans geführt habe, deshalb aber noch nicht gleichberechtigt sei. Daraufhin enthüllt Regan ihren Plan, Edmund zu ihrem Gemahl zu machen, so daß Albanien ihn durchaus als „Bruder“, als Schwager begrüßen könne. Albanien erklärt seiner Gemahlin, daß ihr „guter Wille“, Edmund zu besitzen, seine Vermählung mit Regan nicht hindern werde. Er verhaftet Edmund dann wegen Hochverrats. Regan muß unterdessen fortgeführt werden, weil sie sich krank fühlt. Aus einer beiseite gesprochenen Bemerkung Gonerils erfährt man, daß sie Regan Gift gegeben hat. Auf den dritten Trompetenruf tritt Edgar mit geschlossenem Visier hervor. Obwohl er seinen Namen nicht nennen will, ist Edmund bereit, sich durch einen Zweikampf von den gegen ihn erhobenen Vorwürfen zu reinigen. Er wird tödlich verwundet. Edgar gibt sich nun zu erkennen. Edmund aber gibt seine Verbrechen zu, die Brüder tauschen Vergebung aus. Edgar berichtet von seinen Schicksalen seit seiner Verbannung, vor allem von seiner Begegnung mit dem Vater, dem er sich erst vor einer halben Stunde zu erkennen gab, worauf sein gequältes Herz getröstet „lächelnd brach“. Ein Edelmann naht mit der Schreckenskunde, daß Goneril sich erstochen hat, nachdem sie gestand, daß sie ihre Schwester durch Gift getötet.

Edmund verspürt plötzlich, als Kent auf der Suche nach dem König auftritt, den Wunsch, etwas Gutes zu tun. Er verlangt, daß eilends nach dem Schloß Dover geschickt werde, um seinen Befehl an den Hauptmann zu widerrufen. Aber kaum ist der Bote fort, da tritt Lear mit der Leiche Cordelias auf den Armen auf. Befehlsgemäß hat sie der Hauptmann im Kerker so gehängt, als ob sie Selbstmord verübt hätte; aber Lear erschlug den Mörder. Kent und auch Albanien glauben bei diesem Anblick, dem wieder völlig in Wahnsinn verfallenen alten König mit seiner toten Tochter, Bilder des Jüngsten Gerichtes vor sich zu sehen. Verzweifelt versucht Lear, noch Spuren des Lebens an seinem Kinde zu finden, er unterbricht seine sinnlosen Bemühungen nur, um sein ungeheures Leid zu klagen und seine Töchter zu verfluchen. Ein Bote meldet, daß Edmund tot sei, Albanien erklärt das für Nebensache. Er will zugunsten des greisen Königs auf alle Würde und Macht verzichten, solange dieser lebt. Aber wenige Augenblicke später bricht Lears allzusehr gepeinigtes Herz über der Leiche Cordelias. Albanien will nun die Herrschaft an Edgar und Kent übertragen, aber Kent ist sicher, daß er seinem Herrn bald folgen wird. Mit einer bewegten Klage Albaniens über die trübe Zeit, der nur Klagen ziemt, und über die schweren Leiden, die über die Ältesten hereingebrochen sind, schließt die Tragödie.

CHARAKTERISTIK DER HAUPTPERSONEN

Lear

„Ja, jeder Zoll ein König –", sagt Lear von sich selbst, als er auf den geblendeten Gloster und den sich toll stellenden Edgar stößt. Daß er es im Wahnsinn sagt, ändert nichts an der Gültigkeit dieses Wortes, denn erst im Wahn wurde Lear hellsichtig für die Dinge dieser Welt. Die geheiligte Person des Königs steht über dem Gesetz, das für alle anderen bindend ist, sein Wille ist Gesetz, auch dann, wenn er von dem abweicht, was der „gesunde Menschenverstand" und die allgemeine Moral erwarten lassen. Wäre Lear ein gewöhnlicher Mensch, so wäre sein Verhalten tatsächlich kindisch und töricht, wie es die einfache Weisheit des Narren bezeichnet: „Wenn du mein Narr wärst, Gevatter, so bekämst du Schläge, weil du vor der Zeit alt geworden bist." Weil Lear aber König ist, wird sein Schicksal zum Weltenschicksal, das sich in unheildrohenden Zeichen der Natur ankündigt, und das Gute und Böse mit in sein Verhängnis reißt. Es ist nicht möglich, sich seinem Charakter mit Erkenntnissen moderner Psychologie zu nähern. Er ist wie sein Schicksal ein Mysterium. Als König steht er Gott und dem Makrokosmos näher als andere Menschen. Mit Recht hat Gundolf darauf hingewiesen, daß sein Hadern mit den Stürmen und Göttern durchdröhnt ist „vom Selbstbewußtsein des ebenbürtigen Partners oder Gegners" (S. 341). So geht er auch nicht zugrunde an der Bosheit einzelner Menschen oder gar infolge eigener, verfehlter Entschlüsse, sondern an der allgemeinen Unordnung der Welt, an der Auflösung der göttlichen Zusammenhänge der Natur.

Shakespeares Zeitgenossen legten Wert darauf, ihn als „gentle Lear", den milden, gütigen Lear, zu kennzeichnen, und der Dichter läßt keine Gelegenheit aus, diesen Zug der Güte und verstehenden Liebe herauszuheben. Wie rührend ist die Stelle auf dem Höhepunkt der Tragödie, da der vom Leid wahnsinnig gewordene König dennoch erst mitleidig den frierenden Narren in die Hütte schickt, bevor er für sich selbst Schutz vor dem Unwetter sucht! Es gibt kein Anzeichen dafür, daß er als König ein Tyrann gewesen wäre, auch die Verbannung Kents, der sich gegen seinen königlichen Willen, der auch Gottes Willen ist, auflehnt, darf nicht so gedeutet werden. Ausgesprochen stark ist sein Liebebedürfnis und sein Vertrauen in die Liebe der Töchter, die für ihn Bestandteil der natürlichen Ordnung ist. Sein tragischer Irrtum ist, daß er verkennt, wie notwendig Königtum an königliche Macht gebunden ist, und wie sehr Macht ohne Königtum den Menschen vom Wege der göttlichen Ordnung wegführen muß. Sein Wille ist Gesetz, aber er hat eine Grenze. Sein Königsamt ist von Gott und nur Gott kann es wieder nehmen, es ist nicht in den Willen des von Gott zum König bestimmten Menschen gegeben, dieses Amt wegzugeben oder zu teilen. Er muß es tragen, wie schwer es ihm auch werden mag.

Es geht an Shakespeares Auffassung vom Königtum vorbei, wenn man in Lears menschlicher Unzulänglichkeit, seiner Anlage zum Jähzorn, seiner Leidenschaftlichkeit oder was sonst noch alles in Verkennung seines Charakters angeführt wurde, den Grund für die furchtbare Lage, in die er gerät, sucht. Seine Machtlosigkeit führt den Zusammenstoß mit der ganzen Unzulänglichkeit der gestörten Welt herbei. „Der König weicht aus dem Gleise der Natur, da ist Vater gegen Kind", sagt Gloster (I,2). In der letzten Vereinsamung und Gottverlassenheit der Sturmnacht auf der Heide verfällt Lear dem Wahnsinn. Aber dieser Wahn ist nicht sinnlos wie Edgars verstelltes Tollsein, er wirft den König zurück in das nackte Menschsein. Er blickt jetzt tiefer in die natürlichen Zusammenhänge. Zwar sieht er jetzt auch die Unzulänglichkeit, die Bosheit und Sündhaftigkeit der Welt, die vom Ewigen her gesehen alle menschliche Satzung, alles von Menschen geübte Recht als falschen Schein, ja als Heuchelei erkennen lassen. Aber jetzt, da es zu spät ist, findet er im Wahn wieder zur vollen Verantwortlichkeit seines königlichen Amtes, das er verschenkte, zurück. Doch er ist nur noch Mensch, hilflos den Mächten preisgegeben, sein Wollen ist nur noch Wahn, bis er als armer, müder, von einem langen Leben und tiefem Leid erschöpfter Greis in die Liebe der jüngsten Tochter flüchtet. Über Scham und Reue führt dieser Weg, bis über der Leiche der gemordeten Cordelia sein gequältes Herz bricht. Seine letzten Worte aber sind die einer nun ganz hilflosen Liebe und Sorge, bis zum letzten bleibt er der „gentle Lear".

Cordelia

Nur etwa 100 Zeilen sind Cordelia in dieser zu den umfangreichsten Werken Shakespeares zählenden Tragödie gegeben, aber dennoch steht sie in ihrer jungfräulichen Herbheit und stillen Liebe als eine der edelsten und in sich geschlossensten weiblichen Gestalten des Dichters vor uns. Es fehlt ihr keineswegs an Entschluß- und Tatkraft, sie eilt mit einem Heere aus Frankreich herbei, um das am Vater begangene Unrecht zu rächen. Was ihr vor dem Vater den Mund verschließt, bleibt eben ein Teil des Mysteriums dieser Tragödie. „Eine Stockung der Natur, die oft die Tat unausgesprochen läßt, die sie zu tun gedenkt“ (I,1), nennt der König von Frankreich ihr Schweigen auf des Vaters Frage, ihre folgende, zwar von kindlicher Liebe und Pflichtbewußtsein bestimmte, aber keineswegs der Größe ihrer Liebe zum Vater entsprechende Antwort, die erst die Überraschung und dann den Zorn des Königs auslöst. „Meine Lieb' ist stärker als mein Wort“, sagt sie beiseite, bevor an sie die Reihe kommt zu sprechen. Die Entrüstung über den verlogenen Redeschwall der Schwestern verschließt ihr den Mund, oder die Scham, ihr Herz zu offenbaren. Mißtrauen gegen die Beteuerungen der Schwestern klingt aus ihren Worten, aber sie müßte sie lange genug kennen, um zu wissen, welches Gewicht deren Worte haben. Ihr dämmert auch keine Ahnung des kommenden Verhängnisses. Sie setzt Wahrheit an die Stelle redseliger Zärtlichkeit, aber ihr Verhalten ist im letzten doch nicht zu erklären, es ist eine unbegreifliche „Stockung der Natur“, die eben schon Ausfluß der durch den widernatürlichen Entschluß des Vaters gestörten Ordnung der menschlichen Beziehungen ist, und die deshalb auch Cordelia in das Verhängnis des Vaters, dem sie allzusehr gleicht, reißt. Es geht sicher zu weit, daraus eine „tragische Schuld“ zu konstruieren, die ihren Tod von Mörderhand erfordert. So pedantisch im einzelnen motiviert Shakespeare nicht. Auch die Schuldlosen werden in das allgemeine Weltverhängnis gerissen. „Ist dies das verheißne Ende?“, d. h. der Jüngste Tag, fragt Kent, als Lear die ermordete Tochter auf den Armen hereinträgt. Es sind „Bilder jenes Grauens“, aber über dem scheinbar sinnlosen Opfer der Schuldlosen erhebt sich die Hoffnung auf eine neue, bessere Ordnung, auf den Sieg des Guten.

Goneril und Regan

Beiden Schwestern gemeinsam sind die Herzlosigkeit, die Gier nach Macht, die Unfähigkeit zu wahrer Liebe bei alles beherrschender Sinnlichkeit und eine selbst vor Mord nicht zurückschreckende Eifersucht. Beiden sind moralische Hemmungen fremd, sie kennen nur sich selbst und ihre eigene Maßlosigkeit. Ihre Liebesunfähigkeit macht es ihnen schwer, liebende Töchter zu spielen, und als sie ihr Ziel erreicht haben, bricht sofort (I,1) ihre ganze Bosheit gegen den nun machtlosen Vater durch. Dabei ist Goneril die stärkere, die treibende Kraft bei der Auflehnung gegen Lear. Beide sind im Grunde verbrecherische Naturen, widernatürlich in ihrer Ichsucht und dem Fehlen jeglicher moralischen Bindung. Doch Regan muß erst von Goneril auf den Weg geführt werden, den sie eigentlich gern selbst gehen möchte. Für ihren Gatten, den edlen Albanien, kann Goneril nur Verachtung empfinden, weil sein Sinn für menschliche Ordnungen ihr als „Mildherzigkeit", als Feigheit erscheint, sie hat nur Spott für ihn. Zu dem brutalen und rücksichtslosen Verbrecher Edmund aber fühlen sich beide Schwestern ihrer Natur nach hingezogen. Goneril schreckt in ihrer hemmungslosen Gier nicht einmal vom Mordplan am Gatten und vor der Vergiftung der Schwester zurück. Bezeichnend aber ist, daß sich Edmund, obwohl er nur der Zweckmäßigkeit und nicht Gefühlen folgt und deshalb Regan zunächst verspricht, was sie will, im Grunde doch stärker von der seiner eigenen Verbrechernatur gemäßeren Goneril angezogen fühlt und hofft, daß sie Mittel und Wege finden wird, ihren Gatten zu gegebener Zeit zu beseitigen.

Edmund

Edmund ist der Verbrecher von Natur aus. Man hat ihn mit Richard III. und Jago in „Othello" verglichen. Besonders mit Richard III. hat er vieles gemeinsam, die Gier nach Macht und Besitz, aber auch den ausgesprochenen Willen, ein Bösewicht zu sein, das Werk des Teufels in dieser Welt zu tun. Dabei ist er sich durchaus der Verwerflichkeit seines Tuns bewußt. Doch der Haß des Bastards, des nicht ebenbürtig geborenen Sohnes, den der „Völker Eigensinn" von den Vorrechten des Adels ausschließt, macht ihn zum wahren Teufel. Jedes Mittel ist ihm recht, sein Ziel zu erreichen. Er heuchelt Vater- und Bruderliebe, er betrügt Goneril mit Regan und Regan mit Goneril, ohne eine von ihnen zu lieben. Alle sind ihm recht als Sprungbretter zur Höhe, mögen sie auch darüber zertreten werden. Auch adlige und ritterliche Ehre gelten ihm nichts. Dabei weiß er seine Intrigen so geschickt anzulegen, daß auch Klügere als sein alter Vater ihm glauben würden.

Wenn er auch weder Goneril noch Regan liebt, so fühlt er sich doch instinktiv zu ihnen hingezogen, sie sind seiner Natur gleich. Noch im Todeskampf gelten seine Gedanken dem Triumph seiner Bosheit:

> „Edmund ward doch geliebt!
> Die eine gab um mich der andern Gift,
> Und dann sich selbst den Tod."

Er hatte sich dem Teufel verschrieben, er blieb ihm treu bis in den Tod.

Die übrigen Personen

Gloster ist alt und in seiner Kraft und Entschlossenheit durch seine Jahre behindert. Aber er ist keineswegs schwächlich oder urteilslos, wie man von ihm behauptet hat. Er fügt sich als getreuer Vasall dem Willen des Königs, verliert darüber aber nicht das Urteil für Gut und Böse. Als er erkennt, daß des Königs Wille zum Irrtum und zur Unordnung führte, stellt er sich — ohne die ihm durchaus bewußte Gefahr für sich selbst zu fürchten — auf die Seite der Menschlichkeit und des göttlichen Rechtes. Als seine Peiniger ihn fassen, bricht sein Mut sich in offener Entrüstung über die widerrechtliche Behandlung des Königs Bahn, Recht und Wahrheit stehen ihm höher als seine eigene Sicherheit.

Sein Schicksal ist eng mit dem Lears verbunden, aber wenn er wie der König unter Undank und Bosheit seines Kindes leidet, so bleibt sein Leiden doch ganz im Bereich des Menschlichen, es ist nicht welterschütternd, weil er nicht auf der Höhe des Königtums steht. Wenn Edgar sagt:

> „Die Götter sind gerecht: aus unsern Lüsten
> Erschaffen sie das Werkzeug, uns zu geißeln",

so ist das nicht so zu deuten, daß Glosters Leiden eine gerechte Strafe für die einmalige Sünde, den Ehebruch, dem Edmund entsproß, sind. Es ist mehr eine allgemeine Bemerkung zur Rätselhaftigkeit des Vorgehens Gottes. Das hieße, die Ordnungen, in denen Shakespeare denkt, allzusehr zu vereinfachen. Glosters Leiden ist verwoben in das Weltenschicksal, das von Lear ausgeht, das mit den natürlichen Bindungen auch das Band zwischen Sohn und Vater zerreißt. In der allgemeinen Unordnung der Welt wird der alte Graf, der sein Leben lang in einem geordneten und jedem seinen Platz anweisenden Staat gedient hat, empfänglich für die Ränke und Verleumdungen Edmunds, zumal dieser sie sehr geschickt anlegt. An Lear erkennt Gloster zwar, was er verschuldet hat, aber er fängt sich ebenso wie der König in den Fallstricken des Verhängnisses. Wie Lear erst im Wahnsinn hellsichtig wird, die Dinge dieser Welt durchschaut, die Wahrheit erkennt, so muß Gloster erst blind werden, um sehen zu lernen. Dieses Sehen aber führt ihn nicht, wie der Wahnsinn Lears, auf eine neue, nun eingebildete Höhe. Gloster verliert keinen Augenblick seinen klaren Verstand und sein Gefühl für die Begrenztheit im Menschlichen. Darum kann er den Ausweg im Selbstmord, die Freiheit der Unterdrückten gegen die Willkür der Tyrannei suchen und muß erst durch Edgars frommen Betrug darauf hingeführt werden, daß alles menschliche Schicksal unter dem sinnvollen Wollen einer höheren, dem Menschen entzogenen Weisheit und Vorsehung steht.

Kent ist der Typ des „plain blunt man", ein offener, ehrlicher Kerl, der rasch zupackt und nicht lange nach den Folgen seines Handelns fragt, der immer erst handelt und dann überlegt. Als er überzeugt ist, daß der König unrecht tut, widerspricht er ihm bis zur Rebellion. Beim König zu sein, wenn dieser sich der praktischen Vernunft und menschlichen Einsicht so unzugänglich zeigt wie Lear, ist ihm „Verbannung". Aber wie ein treuer Hund dient er verkleidet dem ins Elend geratenen König in niedriger Stellung. Sein angeborener Adel bricht hier freilich durch, er reißt immer entschiedener die Führung des Geschehens an sich. Cornwall spricht sein Wesen deutlich aus, wenn er auch seinen Adel verkennt:

„Das ist ein Bursch,
der, einst gelobt um Derbheit, sich befleißt
vorwitz'ger Roheit, und sein Wesen zwängt
zu fremdem Schein." (II, 2).

Ridley sagt von ihm: „Kent is the finest of all Shakespeare's ‚plain blunt men', but he is ordinary." Aber am schärfsten erfaßt doch Lear sein Wesen, als er nach dem Diener Cajus, unter welchem Namen Kent ihm diente, befragt wird:

„Das ist ein wackrer Bursch, das glaubt mir;
Der schlägt und säumt nicht. – Er ist tot und fault."

Kent ist ein Stück der alten Welt, die Lear zerstörte. Er will den König nicht überleben, er hat nicht die Kraft, erneut von vorn zu beginnen. Als Albanien ihm mit Edgar die Herrschaft anträgt, weicht er aus, er „muß zur Reise bald gerüstet sein".

Edgar ist ein edler, sittlich reiner Mensch, dem auch über die eigene Unbill die tiefe, erbarmende Menschenliebe und die Hoffnung auf den Endsieg des Guten nicht verlorengeht. In dem Wort „Reifsein ist alles", das er dem verzweifelten, geblendeten Vater mitgibt, der erneut einen Versuch wagen will, sein Leben weiterzutragen, ist sein Weltbild umrissen. Es gilt, in der Unordnung und Ungerechtigkeit, die ihn umgibt, aufzuhorchen auf den entscheidenden Ruf Gottes, bereit zu sein, ihm mit der Tat zu folgen. Er flüchtet abwartend in das Gewand des verrückten Bettlers, bis der Ruf zur Tat kommt. Er rächt die Mißhandlung des Vaters und die Ermordung Cordelias an dem unnatürlichen „natürlichen" Bruder. Er rettet durch sein fast pädagogisch zu nennendes Vorgehen den Vater aus den Selbstmordabsichten. Aber auch Edgar ist nur Werkzeug des Schicksals, er vermag nicht, es abzuwenden. Er tröstet den Vater, aber bricht ihm dabei das Herz. Er bestraft den Mörder Cordelias, aber während er ihn bestraft, kann dessen teuflischer

Mordplan unbehindert ausgeführt werden. Und vor der ganzen Wucht des Verhängnisses, vor dem wahnsinnigen König mit der Leiche Cordelias, bleibt ihm nur die erschütternde Frage:

„Sind's Bilder jenes Grauens?"

Gundolf nennt ihn „Kämpe des Rechtes, der wohl siegt, aber nichts wandelt". Und doch bleibt er der einzige, dem Albanien am Ende den Auftrag geben kann: „Heilt des Staates Leiden", was genauer übersetzt wohl heißen müßte: „Behebt den durcheinander gebrachten, den verworrenen Zustand des Reiches", denn gemäß seinem Wort „Reifsein ist alles" bleibt Edgar der einzige, der bewußt den Weg des Guten geht.

Albanien ist Edgar gleich an edler Gesinnung und sittlichem Eifer, aber er ist passiver, nicht hellhörig für den Ruf des Schicksals zur Tat, darum auch unfähig, sich gegen den harten Willen seiner bösen Gemahlin zu behaupten. Er ist tapfer, als er für das Vaterland kämpft, aber an Lears Schicksal kann er nichts ändern, weil ihm die letzte entscheidende Kraft, der unbedingte Wille fehlen. So steht er, der einzige Überlebende der Großen, am Ende hilflos vor den Trümmern des Reiches, vor dessen „verworrenem Zustand" (gored state). Er möchte die Verantwortung auf Edgar und Kent legen.

Sein Schwager **Cornwall** steht als vollendeter Bösewicht Edmund näher, unterscheidet sich von ihm aber dadurch, daß er dumpf und unbewußt, roh und gewöhnlich das Böse tut, überwältigt von Leidenschaften, zu denen ihn erst Regan und Edmund aufstacheln müssen. Er ist völlig unfähig, die wirklichen Verhältnisse zu überschauen, kein Herr, sondern ein Knecht aus Unfähigkeit zu herrschen. Es liegt vielleicht ein tieferer Sinn darin, daß Shakespeare die gerechte Strafe an ihm durch einen Diener vollziehen läßt, für seine Zeit etwas Ungeheuerliches.

Scharf profiliert ist unter den Nebengestalten der Haushofmeister **Oswald**, dem offenbar Shakespeares Verachtung ganz besonders gilt. Er ist der gewissen- und willenlose Höfling, der liebedienerisch, feige und heimtückisch seinen erbärmlichen kleinen Vorteil sucht, ein Kriecher nach oben und Großsprecher nach unten. Es gibt nichts, kein persönliches Gefühl und keinerlei Kränkung, die ihn zu seinem Verhalten veranlassen könnten. Er ist weder fähig zu Haß und Liebe, noch ehrgeizig oder eigentlich böse, er ist nur geckenhaft und aufgeblasen aus Gewohnheit, ein jämmerlich verkleinertes Zerrbild seiner Herrschaft, so aber auch eine Art Studie zu einer der übelsten Erscheinungen an den allmächtigen Höfen absoluter Fürsten.

Der Narr

In Shakespeares Tragödien ist der Narr eine besondere Erscheinung. Auch in anderen gibt es komische Episoden, die durch die Kontrastwirkung die Tragik des Geschehens erst zur vollen Wirkung emporheben. Aber Lears Narr, obwohl er keinen Augenblick aus der Rolle fällt, immer seinem Beruf treu bleibt, ist in diesem Sinne nicht komisch. Er folgt getreulich seinem ins Elend verstoßenen König, seinem schlichten Verstand ist Untreue Narrheit, d. h. Abweichung von der Linie der Ordnung. Er begleitet die Ausbrüche des Königs mit seinen närrischen Kommentaren, die ebenso gescheit im Sinne des gewöhnlichen Menschenverstandes, wie furchtbar angesichts der zerstörten Weltordnung sind. Das bezieht ihn als Spiegel der Großen in die Tragik des Geschehens ein, aber er beeinflußt es in keiner Weise, weil er nur der Narr von Beruf ist, über den man lacht, den man aber nicht ernst nimmt. Wie eine Art Chorus, als betrachtender und seinem Beruf entsprechend kommentierender Zuschauer geht er neben dem Geschehen her. Sein unbeirrbarer Verstand durchleuchtet noch einmal die grausige Szene auf der Heide, da verstellter Wahnsinn in Edgar und geistesverwirrtes Königtum in Lear einander begegnen. Aber es ist eine sinnlose Weisheit angesichts der ungeheuren Wucht des Verhängnisses. Nur in der allgemeinen Verwirrung haben seine oft scheinbar unsinnigen und doch wahren Verdrehungen, seine tiefen als Spaß vorgetragenen Einblicke, seine als Weissagung Merlins gegebene närrische Umkehr des Vergangenen ins Künftige ihren Sinn. Aber sie sind nicht komisch, sondern unheimlich, böse Ahnung kommender Verhängnisse, die er schon deshalb nicht abzuwenden vermag, weil er eben nur der Narr ist. Er steht draußen, auch wo er schließlich als einziger seinem Herrn treu folgt. Als sich das Verhängnis erfüllt, bedarf es dieses Herren nicht mehr, er verschwindet aus dem Spiel, als ob er vergessen wäre.

DISPOSITIONEN UND AUFSÄTZE

Der dramatische Aufbau des „König Lear“

Disposition:

I. Der einmalige Charakter der dramatischen Struktur

II. Die Linien der inneren Handlungsführung
1. Äußere und innere Handlung
2. Das barocke Spannungsverhältnis im „Lear"
3. Die Darstellung des Leidens
4. Der parallele Aufbau der Gloster-Handlung

III. Die Regelmäßigkeit des Aufbaues

I. Der dramatische Aufbau des „König Lear" unterscheidet sich wesentlich von dem der großen Tragödien, die in zeitlicher Nachbarschaft mit ihm entstanden, des „Othello" und des „Macbeth", in denen in straffem Handlungsablauf das Schicksal eines einzelnen, durch Veranlagung und Umgebung in tragischen Konflikt verstrickten Helden gestaltet wird. Die Einführung zweier parallel verlaufender Handlungen und der losere szenische Aufbau im „Lear" erinnern an den Stil der Chronikenstücke, so daß man angenommen hat, Shakespeare sei allzu eng dem älteren „Leir"-Drama gefolgt. Der Eindruck der dramatischen Auflösung wurde durch die mangelnde Straffung und Geradlinigkeit des Geschehens und die große Zahl der auftretenden Personen verstärkt. Hier hat vielfältige Kritik angesetzt. Man hat versucht, das Ungewohnte am Aufbau dieser Tragödie aus der lockeren dramatischen Formgebung des Barock zu erklären, wenn auch unbegreiflich blieb, daß „Othello" und „Macbeth" nichts davon aufweisen. Fest steht aber, daß „Lear" seinem dramatischen Aufbau nach innerhalb der Tragödien Shakespeares einmalig ist.

II. 1. Das Drama beginnt mit der einzigen „Tat" des Helden, der Teilung des Reiches, der Verstoßung Cordelias und der Verbannung Kents. Von da ab ist Lear nicht mehr Handelnder, sondern Leidender. Vom dritten Akt an tritt er auffällig zurück, wenn er auch für den Zuschauer immer als Hauptperson im Hintergrund bleibt. Erst am Ende rückt er wieder in den Mittelpunkt, aber auch jetzt als Leidender, der keinen Einfluß auf das Geschehen hat.

Abgrundtiefe Bosheit stürzt den gütigen König in den Abgrund menschlichen Elends und tiefster Gottverlassenheit. Doch über diesem Leiden, auch wenn es ihn in Wahnsinn versenkt, weil es ihn infolge seiner ganzen Veranlagung und seines hohen, von Gott gegebenen Amtes besonders hart trifft, wird er erst weise. Er erkennt die ungeheure Spannung zwischen Gut und Böse, zwischen Gott und Welt, zwischen der Würde des Königtums und dem nackten Menschsein. An diesem Leid geht er zugrunde, er vollzieht ein Gesetz dieser unvollkommenen Welt, das Gut und Böse in das gleiche Verhängnis verwickelt, das die

Schicksale der Menschen nicht nach einer einfachen Aufrechnung von Sünde und Strafe, sondern nach einem den Menschen ewig unfaßlichen, aber auch ewig sinnvollen Ratschluß führt.

II 2. Dieses Spannungsverhältnis zwischen Gut und Böse, bei Lear zwischen der Größe der Majestät und der Nichtigkeit des endlichen Menschen ist wohl als barocker Zug zu verstehen. Zwischen totaler Bosheit und dem unendlich Guten werden Lear und in gebührendem Abstand von ihm Gloster wie zwischen zwei wuchtigen Mühlsteinen, die Weizen und Unkraut gleichermaßen erfassen, zerrieben. Es ist bezeichnend für diese Tragödie des menschlichen Leidens, daß auch die Guten nicht die Kraft haben, das Schicksal zu wenden. Der menschliche Wille ist machtlos. Aber Gott hat deswegen nicht seine Hand von der Welt abgezogen, er läßt nur zu, daß die Menschen in ihr zeitweilig das Werk Satans tun. Er wird es immer wieder zulassen. Das ist die Erkenntnis, die Lear auf dem Höhepunkt des Dramas gewinnt. In der zweiten Szene des dritten Aktes fordert er im Toben des Sturmes noch Gerechtigkeit von den Göttern:

„Jetzt, große Götter,
Die ihr so wild ob unsern Häuptern wettert,
Sucht eure Feinde auf . . .“

Noch sucht Lear eigene Rechtfertigung, noch ist er nicht von der Höhe des Thrones zum Nurmenschsein herabgestiegen: „Ich bin ein Mann, an dem man mehr gesündigt, als er sündigt.“ Er bleibt der König, der Recht setzt, der aus eigener Machtvollkommenheit will, was nur Gott weiß und geben kann: Gerechtigkeit. Erst im Mittelpunkt der vierten Szene des gleichen Aktes erreicht er im erschütternden Gespräch mit dem sich toll stellenden Edgar und dem berufsmäßigen Narren die Stufe des wahrhaft Menschlichen:

„Ha, drei von uns sind überkünstelt. Du bist das Ding selbst; der natürliche Mensch ist nichts mehr als solch ein armes, nacktes, zweizinkiges Tier wie du. Fort, fort ihr Zutaten!“ Er beginnt, sich die Kleider abzureißen, die hier sinnbildlich sind für alles, was ihn scheinbar über dieses zweizinkige Tier erhob. Sein Erlebnis der Vanitas, der Eitelkeit aller menschlichen Größe und Herrlichkeit vor der Endlichkeit des menschlichen Seins, ist vollständig. Daß es im Wahnsinn geschieht, ändert nichts an der Wahrheit, denn menschlicher Vernunft bleibt diese letzte Erkenntnis verschlossen.

II. 3. In dieser Darstellung des Leidens, in der alle anderen Gestalten, auch Lears Töchter, Edmund und Edgar, nur untergeordnete Funktionen haben, ist die „Tat" der ersten Szene nur die auslösende Ursache. Die Handlung ist nach innen verlegt, das äußere Geschehen ist nur ihr Anstoß, und nach dem dritten Akt ihre Folge. Man kann die „Lear"-Tragödie nur als Ganzes in der Gestalt Lears fassen. Sie ist nicht nur ein Seelendrama, sondern ein gewaltiges Bild des Weltlaufes und des menschlichen Schicksals, das am Ende Edgar und Kent an den Jüngsten Tag erinnert, an dem alle irdischen Werte und Maßstäbe verlorengehen und der Mensch vor dem letzten absoluten Gericht steht.

Diese seelische Handlung wird freilich verwischt, wenn man in Lear einen schwachen Greis sieht, der wie der Held des alten „Leir"-Dramas hilflos duldet. Auch auf dem Höhepunkt der inneren Handlung, in den Szenen auf der Heide, ja noch bei der Begegnung mit dem geblendeten Gloster (IV,1) ist er „jeder Zoll ein König". Diese Würde ist ihm von Gott gegeben, und kein Mensch kann sie ihm nehmen. Aber dennoch ist die entscheidende Wende, der Höhepunkt der Handlung, überschritten. Lears königliches Selbstbewußtsein führte bis zur vierten Szene des dritten Aktes einen titanischen Kampf gegen die sündige Begrenztheit dieser Welt. Jetzt erfaßt er, daß auch die Höchsten der Erde in den engen Rahmen des nackten Menschseins gespannt sind, er erkennt die Spannung zwischen Majestät und der Eitelkeit der menschlichen Natur. So fällt von der Mitte des dritten Aktes ab die Handlung. Die Bösen sind jetzt nur noch Getriebene ihrer Leidenschaften und Taten, es gibt keine Umkehr mehr. Einer nach dem anderen wird ausgelöscht, bis Lear schließlich nach einem letzten Aufbäumen seines Willens gegen die scheinbar so sinnlose Ermordung seines liebsten Kindes am gebrochenen Herzen stirbt.

II. 4. Die Glosterhandlung verläuft parallel, zunächst mit einer Verzögerung, da Glosters Geschick mit dem des Königs verbunden ist. Gloster ist länger aktiv, ohnmächtig versucht er, mit seinen alten Kräften die schlimmsten Folgen des Verhängnisses zu verhindern. Er erreicht seinen Höhepunkt, als er im dritten Akt den Entschluß faßt, den Weg zu gehen, der dem Bedrückten angesichts aller Willkür der Tyrannei offen bleibt, sein Leben selbst zu enden. Es ist ein antiker Gedanke, der bei ihm schon deshalb nicht in die Tat umgesetzt werden kann, weil bei Goneril Selbstmord mit ewiger Verdammnis gleichgesetzt wird. Edgar führt den Vater zurück in die christliche Welt, die dem Leiden einen zwar nicht faßlichen, aber doch sinnvollen Platz in der aller Vernunft unzugänglichen und auch menschlichem Willen entzogenen göttlichen Ordnung zuweist. Nur Lear erreicht die königliche

Höhe der tiefsten Einsicht in die ungeheuere Kluft zwischen der menschlichen Größe und der Nichtigkeit des menschlichen Seins.

III. Es wäre falsch, wenn man die Eigengesetzlichkeit des „Lear" übersehen würde. Das Einmalige an diesem Werk ist die Ausweitung auf die Menschheit, seine eigentliche Handlung liegt in dem Leiden an einer unvollkommenen Welt, in der große und kleine Sünder die Herrschaft an sich reißen, in der Gott und Satan, Gut und Böse, unablässig miteinander ringen, ohne daß der einzelne Gute oder Böse mehr als das Werkzeug der höheren Ordnung, der Vorsehung ist. In diesem Sinne ergibt sich ein durchaus regelmäßiger Aufbau, in dem die umfangreiche erste Szene die Aufgabe der Exposition hat, der dann bis zur Mitte des dritten Aktes als dem Höhepunkt ansteigt und von da ab zur Katastrophe fällt.

Das Schicksal im „König Lear"

Disposition:

I. Äußerungen Lessings und Herders über Shakespeare
II. Das Schicksal im „Lear"
  1. Antike Züge im tragischen Geschehen
  2. Der nordische Charakter der Tragödie
  3. Die Welt als „große Narrenbühne"
  4. Der christliche Grundgehalt des Werkes
III. Die Überlagerung verschiedener Schichten im „Lear"

I. Lessing sagt im 17. Literaturbrief: „Nach dem ‚Ödipus' des Sophokles muß in der Welt kein Stück mehr Gewalt über unsere Leidenschaften haben als ‚Othello', als ‚König Lear', als ‚Hamlet' etc." Er führt aus, daß die französischen Klassiker „den Mustern der Alten" in „der mechanischen Einrichtung", Shakespeare ihnen aber „im Wesentlichen" näher kommt. Das kann aber nur heißen, daß er die Ordnung der sittlichen Welt in der Unordnung aufdeckt und den Zuschauer über die Erschütterung durch das vom Götterwillen gelenkte Schicksal zur Läuterung, zur willigen Einordnung in die sittlichen Forderungen der Götter führt. Herder schrieb in seinem Aufsatz über Shakespeare von 1773 mit dem Blick auf „Lear": „Wie vor einem Meere von Begebenheit, wo Wogen in Wogen rauschen, so tritt vor seine Bühne! Die Auftritte der Natur rücken vor und ab, wirken ineinander, so disparat sie scheinen, bringen sich hervor und zerstören sich, damit die Absicht des Schöpfers, der alle im Plane der Trunkenheit und Unordnung gesellet zu haben schien, erfüllt werde – dunkle, kleine Symbole zum Sonnenriß einer Theodizee Gottes.“ Der Fortschritt von Lessing zu Herder ist offensichtlich. Lessing muß das Werk Shakespeares noch in einer Welt, in der Gesetze des nach richtig oder falsch verstandenen Mustern der Antike gebauten Dramas die Bühne und die Kunst beherrschen, verteidigen, indem er nachweist, daß es auch mit seinen Mitteln die gleiche Wirkung erreicht, die von den Alten als unabdingbare Forderung aufgestellt worden war, die sittliche Läuterung. Herder erkennt bereits die tiefere weltanschauliche Grundlage des Werkes, er sieht es, ohne das vergrößernde oder verkleinernde Glas einer vorgefaßten Kunstauffassung als Symbole einer Theodizee Gottes, also Gottes Versuch, den Menschen an einzelnen, unzusammenhängenden, aber dem aufgeschlossenen Geiste und dem Glauben doch sichtbaren Zeichen ein Wissen darüber mitzuteilen, warum seine Weisheit und Güte die Herrschaft des Bösen in der Welt duldet.

II. 1. Max J. Wolff führt zum „Lear“ aus: „Wie in der Atridensage drängen sich alle Urfrevel der Menschheit in die Tragödie zusammen. Das Laster triumphiert, die Guten irren obdachlos umher. Die Urzeit kehrt wieder, wo der Mensch im Menschen nur die Bestie sieht, mit der er um das nackte Leben ringt.“ (S. 202). Die Parallele zur Atridensage drängte sich auf, da in beiden der Mensch in unentrinnbarem Schicksal, aus Leidenschaft, Torheit und Eigensucht getrieben, zum Schwester-, Bruder- und Vatermord geführt wird, bis es endlich den Göttern gefällt, die schuldig gewordene Welt zu entsühnen. Aber hier deutet sich die Grenze an. Es gibt kein einziges Wort im „Lear“, das die Vermutung nahelegen könnte, über dem Hause des Königs liege ein vom Begründer des Geschlechtes durch Frevel gegen die Götter hervorgerufener Fluch, der sich von Geschlecht zu Geschlecht erfüllt, bis endlich der letzte Sproß aus Tantals Hause im Vollzug eines von den Göttern auferlegten, allzu schweren Werkes durch Götterwillen entsühnt wird. Im „Lear“ ist nicht der einzelne schuldig oder von den Göttern gejagt, die ganze Welt ist in Unordnung geraten.

Gewiß wird oft von den Göttern gesprochen. Wenn Namen genannt werden, sind es antike: Apollo, Jupiter, Juno, der „Donnerträger“. Aber sie sind selten und haben ebenso wie die Anrufungen der Götter allgemein nur rhetorische Funktion, sonst ist, selbst wenn Götter gesagt wird, der eine Gott gemeint, den der Christ gern als „die himmlischen Mächte“ bezeichnet. Wenn Herder meinte, „die heidnische

Schicksals- und Sternenphilosophie" herrsche durchweg in der Tragödie, so bedarf das beträchtlicher Einschränkung, es ist noch die Meinung des Klassizisten, der überall antike Ideen finden möchte. Wenn Lears Leiden aber als Läuterungsprozeß aufgefaßt werden sollten, müßte ihn selbst ein Verschulden treffen. Man hat es dahin interpretiert, daß er sich aus der Verstrickung in Eitelkeit und Selbstsucht befreie. Aber davon ist nicht die Rede, nur einer modernen, einer demokratischen Auffassung ist eine Deutung Lears als eitel, selbstsüchtig, maßlos und jähzornig möglich. Shakespeares Zeit sah ihn anders, was uns als Eitelkeit und Selbstsucht erscheint, war ihr durchaus berechtigtes Selbstbewußtsein und Herrscherwille, Eigenschaften, die nicht nur nicht verwerflich, sondern königliche Tugenden waren. Es mag uns nicht leichtfallen, den furchtbare Flüche ausstoßenden König als „gentle Lear", als milden, gütigen König zu sehen, aber wir müssen erkennen, daß Shakespeare ihn so aufgefaßt sehen wollte. Überdies vereinigen sich in ihm die drei höchsten weltlichen Autoritäten: der Vater, der Greis und der König, von denen die des Königs obenan steht und ihn über alle Menschen seiner Umgebung erhebt, so daß für ihn andere Maßstäbe gelten. Das gibt aber auch seinem Selbstmitleid, seinen Klagen über die mit Undank gelohnte Vatergüte und über sein weißes Haupt für Shakespeares Publikum ein anderes Gewicht, als wir, die wir uns längst abgewöhnt haben, im Staatsoberhaupt die von Gott gesetzte höchste irdische Würde zu sehen, ohne weiteres nachempfinden können. Sie sind Zeichen seiner Demut, um die er ausdrücklich betet, da er nur die beiden unteren der ihm zustehenden Autoritäten in Anspruch nimmt und deshalb um so bemitleidenswerter wird, da hinter ihnen turmhoch die höchste steht. So ist Lear nicht schuldig im Sinne der antiken Tragödie, sein Schicksal liegt nicht in ihm, sondern in der Verderblichkeit der Welt um ihn. Nicht um eine Läuterung geht es, sondern um eine Zerrüttung, eine nach menschlichen Gründen sinnlose Zerstörung. Ein „Meisterstück der Schöpfung" wird zertrümmert, und seine Zerstörung ist Sinnbild einer unendlich größeren, über der Menschheit hängenden Bedrohung:

> „So nützt das große Weltall einst sich ab
> Zu nichts." (IV,6)

II. 2. Der Vergleich mit der Atridensage wird also dieser Tragödie insofern nicht gerecht, als diese den Gedanken einer sittlichen Weltordnung, die sich schon in dieser Welt erfüllt, festhält. Edgars Worte:

> „Die Götter sind gerecht: aus unsern Sünden
> Erschaffen sie das Werkzeug, uns zu geißeln." (V,3)

könnten diese Auffassung in etwa unterstützen und sind auch herangezogen worden. Edgar spricht hier von einer sittlichen Macht, die mit gerechter Waage mißt. Aber das Schicksal ist nicht gerecht, denn sonst wäre Lears Schicksal ein Hohn auf diesen Glauben. Vereinzelt erkennen wir, um mit Herder zu sprechen, Sinnbilder eines Schattenrisses einer Theodizee, eine Ahnung dämmert uns vom göttlichen Walten. Aber Lears Flehen:

> „O Ihr Götter!
> Wenn Ihr die Alten liebt, Eu'r milder Zepter
> Gehorsam heiligt, wenn Ihr selber alt seid,
> Macht es zu Euren Streit, sprecht, zeugt für mich!" (II,4)

verhallt ungehört und wird bald übertönt vom Heulen des Sturmes, der sein ungeschütztes weißes Haupt erbarmungslos erfaßt. Es bleibt ungehört wie seine Flüche. Das Schicksal geht über ihn hinweg, hilflos und ohne Anspruch auf Gerechtigkeit steht ihm der Mensch, auch der Höchste, gegenüber. Von hier aus gewinnen Glosters Worte ihren Sinn:

> „Was Fliegen sind
> Den müß'gen Knaben, das sind wir den Göttern:
> Sie töten uns zum Spaß." (IV,1)

Das aber ist keine antike Auffassung mehr, für die sich dennoch Ziel und Sinn der Welt im Diesseits erfüllen müssen. Man hat darauf hingewiesen, daß Shakespeare zurückgreift in die mythische, nordisch-keltische Vorzeit. In die düstere, pessimistische Weltschau der nordischen Mythen führt uns das Weltbild „Lears" zurück. Die Welt ist schuldig geworden, nicht nur die Zeit, die Menschheit ist verderbt. Deshalb kann sich auf Erden keine Gerechtigkeit erfüllen. Der Sinn des Lebens ist ins Jenseits verlegt, für das es sich zu bereiten gilt. Zwar tobt auch in der Welt über die Menschen hinweg und sie wie mit Sturmesgewalt erfassend der Kampf des Guten und des Bösen, der guten und der bösen Naturgewalten, zu denen auch die menschlichen Leidenschaften und Antriebe gehören. Von diesen aber ist im „Lear" oft die Rede. Edmund ist die Natur seine Göttin, deren Satzung allein er gehorcht. Das Schicksal zeigt sich ihm im Bilde des Rades der Fortuna, das ihn heute erhebt und morgen nach unten stürzt, ohne daß ein höherer Sinn darin für unser begrenztes Erkenntnisvermögen sichtbar würde. Natur bedeutet für Edmund die Verachtung menschlicher Satzung. Er erhebt sein böses Wollen, das weder aus Leidenschaft noch äußerem Druck geboren, das vielmehr eindeutiges Bekenntnis zu den teuflischen Mächten ist, zu seinem Gesetz, mit dem er die verworrene Welt weiter verwirrt. Wenn sonst von Natur gesprochen wird, meint eigentlich jeder etwas anderes. Für Gloster sind sie und die Menschenwelt eine große, mythische Einheit. Störungen im Kosmos stehen im engsten Zusammenhang mit Störungen in der Ordnung der sittlichen Welt. Das ist kein Aberglaube im Sinne moderner Astrologie, es ist nordische Anschauung von der Bindung des Menschen an den gigantischen Kampf zwischen den guten und bösen Gewalten, der unberechenbar bleibt, solange diese Welt steht, für den es nur bereit zu sein gilt, wenn einmal diese Welt im Feuer vergeht und Götter und Riesen zum letzten Vernichtungskampf antreten. Es ist der Geist der Völuspa und des Muspilli. Auch Lear nennt die Natur eine Göttin, als er sie in seinem Fluch über Goneril anruft (I,4), er aber meint die strafende göttliche Gerechtigkeit.

Nordisches Denken spiegelt sich also im „Lear". Vor allem der Gedanke, daß nicht im Sieg im Kampf des Menschen um das Gute, also im äußeren Erfolg, sondern in diesem Kampf selbst die Belohnung des Guten liegt, erinnert an eddische Vorstellungen.

II. 3. Der „Lear" ist aber auch komödiantisch zu verstehen. Des Menschen Streben ist eitel. Es gibt Dinge, die er nicht sieht, sicher weiß er nur, daß er zum Leiden und zur Ungewißheit bestimmt ist:

> „Wir Neugeborenen weinen, zu betreten
> Die große Narrenbühne."

Die Welt ist wie eine Bühne, auf der die Menschen die verschiedensten Narren spielen, den des Hochmutes, der Eitelkeit, des Machtstrebens, auch den Kleider- oder Freßnarren, wie es im 16. Jahrhundert und auch zu Shakespeares Zeit auf dem volkstümlichen Theater zu sehen war. Im Spiegel des Ewigen ist selbst der Höchste dieser Welt ein Narr, der die Wahrheit entstellt und verkehrt, um schließlich in der Nichtigkeit alles Menschlichen als Narr entlarvt zu werden. Es ist ein schmerzlicher, kein lustiger Vorgang, dessen sich aber nicht jeder bewußt wird. Der Narr selbst spricht es aus, als Lear ihn erzürnt fragt: „Nennst du mich Narr?": „Alle deine anderen Titel hast du weggeschenkt, mit diesem bist du geboren." Aber das ist eine Erkenntnis, die ihm im Getriebe dieser Welt niemand glaubt, weil eben nur der Narr sie ausspricht und die anderen sie für einen von seinen Späßen halten. Lear gewinnt diese Erkenntnis aus dem Sturz ins Elend und in die Verlassenheit. Narr ist hier Begriff der Weltschau, er umfaßt alles Streben der Menschen, das nicht im Hinblick auf die Ewigkeit erfolgt, das dieses eitle, flüchtige Sein unter dem Wettern des Kampfes zwischen Gut und Böse als Selbstzweck nimmt.

II. 4. Shakespeare schafft aus seiner Zeit, aus den großen Ideen, die darin herrschen. Die Idee der Vergeltung, nach der das Gute das Böse überwindet, hatte er seit Richard III. aufgegeben. Es war deshalb grundfalsch, als im 18. Jahrhundert dem Stück der gute Schluß mit der Wiedereinsetzung Lears und der Vermählung Cordelias mit Edgar gegeben wurde. Shakespeare sieht das Weltenschicksal als totales, das von der Schöpfung bis zum Jüngsten Tage reicht, und in dem der einzelne Mensch niemals der Mittelpunkt ist, mag ihn das Rad der Fortuna auch noch so hoch emporheben. Das Leiden ist Bestandteil der göttlichen Ordnung, wie die scheinbare Ungerechtigkeit und mangelnde Folgerichtigkeit des menschlichen Geschehens. „Shakespeare's cry De profundis, from the lowest circle of the black depths" nennt Ridley diese Tragödie (S. XVII). Das ist richtig, aber nur ein Teil der Wahrheit. Im „Lear" ist auch die christliche Weltordnung intakt, keines ihrer Gesetze ist aufgehoben. Das Besondere ist nur die Ausweitung des Spannungsverhältnisses zwischen Gut und Böse sowie zwischen menschlicher Größe und Herrlichkeit einerseits und der Eitelkeit des menschlichen Seins andererseits. Das ist barockes Weltbild. Für Lear gelten die Verse des „Cherubinischen Wandersmannes":

> „Gott straft die Sünder nicht, die Sünd ist selbst ihr Hohn,
> Ihr Angst, Pein, Marter, Tod, wie Tugend selbst ihr Lohn."

Lears Schicksal aber vollzieht die Forderung eben dieses „Cherubinischen Wandersmannes":

> „Mensch, werde wesentlich, denn wann die Welt vergeht,
> so fällt der Zufall weg, das Wesen das besteht."

Der Zufall, das ist die Würde des Königs, die Größe der Herrschaft, das Wesentliche ist der schlichte, auf sich selbst zurückgeworfene Mensch. Ob mit Gryphius das Leben als „Rennebahn" oder mit Lear als Spiel auf der „Narrenbühne" gesehen wird, immer ordnet es sich in die Totalität des barocken christlichen Weltbildes ein, das ebenso tief von der göttlichen Gerechtigkeit wie von der Unfaßlichkeit des Wirkens dieser Gerechtigkeit durchdrungen ist. Gottes Willen vollzieht sich in einer höheren Ordnung, an die menschliche Maßstäbe nicht reichen. Das Einzelschicksal ist so nicht Walten einer ewigen Gerechtigkeit, wenn es auch auf geheimnisvolle Weise darin einbezogen ist. Uns Menschen erscheint es als „Zufall", für den Shakespeare das Bild des Rades der Fortuna setzt. Nicht auf eine Erfüllung im Diesseits, wohl aber auf den festen Glauben an den Endsieg des Guten jenseits unserer menschlichen, begrenzten Schau baut dieses Weltbild auf.

III. Shakespeares Werk ist auch als Weltbild nicht philosophisches Bekenntnis, es ist Dichtung. Es schließt das Weltbild seiner Zeit ein, das nicht einheitlich ist, in dem sich vielmehr verschiedene Schichten, antike Ideen, nordisches Weltgefühl und als stärkste Lebensmacht christlicher Glaube überlagern. Aber es ist dennoch einheitlich aus der schöpferischen Kraft seines Dichtertumes, eine gewaltige, düstere Gestaltung des Weltleides, aber nicht hoffnungslos im letzten Ausblick. Die Schlußworte Albaniens lassen die Hoffnung auf eine bessere Welt, in der die Menschen einander besser verstehen, offen:

„The weight of this sad time we must obey;
speak what we feel, not what we ought to say."

MODERNE „LEAR"-INTERPRETATIONEN

Die Erlösung König Lears

Der Held der „Lear"-Tragödie nimmt in einer wichtigen Hinsicht eine Sonderstellung ein. Lesen wir „Hamlet", „Othello" oder „Macbeth", so werden wir, wenn die Schlußkatastrophe erreicht ist, kaum vergessen, daß der Held sie selbst mitverschuldet hat. Seine verhängnisvolle Schwachheit (Hamlet), sein Irrtum (Othello), sein Unrecht (Macbeth) sind am Ende offenkundig. Für König Lear gilt das nicht. Gegen den Schluß hin ist der alte König schon eine ganze Zeit lang passiv gewesen. Wir haben in ihm nicht nur einen Mann gesehen, „an dem man mehr gesündigt, als er sündigte", sondern fast ausschließlich einen Leidenden und kaum je einen Handelnden. Seine Leiden waren zudem so grausam, und unsere Empörung gegenüber jenen, die sie herbeiführten, war so tief, daß die Erinnerung an das Unrecht, das er Cordelia, Kent und seinem Königreich antat, fast ausgelöscht ist. Darum denken wir am Schluß nicht mehr daran, daß er den Sturm, der ihn zerschmetterte, durch die eigene Tat entfesselt hat.

Dennoch ist es wesentlich, Lears Anteil am Geschehen des Dramas nicht zu vergessen. Nicht etwa, damit wir meinen, er habe sein Leiden verdient, sondern weil uns sein Schicksal sonst bestenfalls rührend, schlimmstenfalls empörend, sicher aber nicht tragisch erschiene. Wir sind darüber beunruhigt, daß er sein Königreich so unbedacht verteilt, und wir können nur mit Sorge sehen, wie er dabei von selbstsüchtigen Motiven bestimmt wird. Wenn er absurderweise so tut, als werde er sein Reich gemäß den Liebesbeteuerungen seiner Töchter verteilen; wenn er einer Heuchelei gegenüber, die wir sofort durchschauen, so völlig blind ist; wenn er sich über diese Beteuerungen freut; wenn er ganz offen seine Vorliebe für die jüngste Tochter ausspricht – so müssen wir darüber lächeln und zugleich bestürzt sein. Aber das Mitleid wird von einem anderen Gefühl verdrängt, wenn wir erleben, wie überstürzt, despotisch und unbeherrscht seine Ungerechtigkeit gegen Cordelia und Kent ist und mit welch „frevler Eil" er darauf besteht, sein Königreich aufzuteilen, nachdem er sein einziges gehorsames Kind verstoßen hat.

Wir fühlen das Vorhandensein von Kraft wie von Schwäche in Lear, aber auch die Gegenwart der tragischen Hybris. Ein langes Leben in absoluter Machtfülle hat ihn die menschliche Begrenztheit vergessen lassen und jenen vermessenen Eigenwillen in ihm erweckt, den wir in der griechischen Tragödie so oft am Altar der Nemesis straucheln sahen. Da wir sehen, wie sein verfallendes Greisentum diesen Prozeß beschleunigt, verstärkt dies unser Mitleid und unsere Überzeugung davon, wie schwach der Mensch ist. Aber wir vermögen den greisen König darum doch nicht von aller Verantwortung freizusprechen und können den tragischen Nexus nicht übersehen, der seinen Irrtum und seine Leiden verknüpft . . .

Aber Lears Geschichte hat noch einen anderen Aspekt, der auf ganz besondere und diesem Drama eigentümliche Art seine als pessimistisch bezeichneten Merkmale und sogar das Element des Gesetzmäßigen einschränkt. Es gibt nichts Edleres und Schöneres in der Literatur als die Art, in der Shakespeare zeigt, wie Lears Leid seine Größe wiederaufleben läßt und Güte aus ihm hervorlockt. Wenn in seinem Wahnsinn seine selbstherrliche Unduldsamkeit oder seine Rachsucht gelegentlich wiederkehren, so vertieft das nur diesen Eindruck, und auch jene Augenblicke, in denen sein Wahnsinn nur noch Mitleid zu erwecken vermag, schwächen ihn nicht ab. Der alte König, der sich bei seinen Töchtern entschuldigt, dabei seine Erniedrigung und ihren schrecklichen Undank so tief fühlt, und der sich dennoch, mehr als achtzig Jahre alt, zu einer Selbstbeherrschung und Geduld zwingt, die ihm so lange Jahre hindurch fremd waren; der aus alter Neigung zu seinem Narren und aus

Reue darüber, daß er dessen geliebter Herrin unrecht tat, dauernde und scharfe Mahnungen hinnimmt; der schließlich in seiner Not zuerst an andere denkt und in Fürsorge für seinen armen Narren das Schutzdach sucht, das er für das eigene bloße Haupt verschmäht; der für die elenden und heimatlosen Armen fühlen und beten lernt; der erkennt, wie falsch die Schmeichelei und wie brutal die Gewalt ist, und der hinter der Verschiedenheit von Stand und Rang das allen gemeinsame Menschentum aufspürt; dessen Blick so klar wird, daß er sieht, wie eitel Macht und Rang und alle Dinge der Welt sind außer der Liebe; der in seinen letzten Stunden die unbändige Freude und den tödlichsten Schmerz solcher Liebe erfährt und der trotzdem nach nichts anderem verlangen würde, dürfte er weiterleben oder noch einmal leben – diese Gestalt ist so groß ergreifend und wunderbar, daß in der Welt der Dichtung sicherlich nicht ihresgleichen ist. Zu all dem wächst Lear durch diese Leiden empor, vor denen wir uns fragten, ob das Leben nicht ausschließlich böse ist und die Menschen gleich Fliegen sind, die müßige Knaben zum Spott quälen. Kommen wir der Wahrheit nicht ebenso nahe, wenn wir diese Dichtung „Die Erlösung König Lears" nennen und feststellen, daß die „Götter" ihn weder quälen noch ihn „edlen Zorn" lehren wollen, sondern daß sie ihn durch scheinbar ausweglose Scheitern eben das eigentliche Ziel des Lebens erreichen ließen? Shakespeare muß wohl zuzeiten die Versuchung zu Menschenhaß und Verzweiflung gespürt haben, aber als er dieses Werk schuf, kann er unmöglich von einer solchen Stimmung beherrscht gewesen sein.

Andrew C. Bradley (1904)

Das Leiden an der Welt

Das leidenschaftlich-anmaßende königliche Wesen Lears ist ein menschlicher Übergriff, der durch Leiden gesühnt werden muß und erst im Tod zur Ruhe kommen kann. Man könnte auch sagen, daß die soziale Scheinwelt einer herrschsüchtigen Befehlsgewalt zerbrechen muß, um dem Menschen seine Sterblichkeit und Gemeinschaft mit anderen Menschen als Wahrheit zu lehren; und in um so gewaltsameren Krisen, je übersteigerter vorher die Anmaßung war. Stifter hat den „Lear" mit dem Ausdruck Platons als „wirklichste Wirklichkeit" bezeichnet.

Wenn wir methodisch vorgehen, müssen wir die Glosterhandlung als Spiegel und Leitfaden der Auslegung für die Learhandlung benützen, denn erst Shakespeare selber hat beide eng verbunden. Allerdings darf nicht übersehen werden, daß die Glosterhandlung nicht nur eine leichter faßliche Vorbildung für die Learhandlung ist, sondern auch ihr Kontrast, der ebenso sagt, was mit Lear geschieht, wie ausdrücken will, was die Learhandlung nicht mehr ist.

Gloster ist zu harmlos und übermütig im Vertrauen auf die Sicherheit seiner sogar in der Sünde brüchigen Existenz gewesen, so mußte er den Ränken Edmunds erliegen. Er stellt die einfachste Stufe des Leidens dar.

Eine weitere Stufe des Leidens zeigt sich, wenn wir neben Gloster Edgar ins Auge fassen. Indem Gloster sich und den durch seinen Irrtum und Edmunds Schurkerei unschuldig leidenden Edgar vorstellt und den tollen Tom (der ja sein Sohn ist) vor sich sieht, sagt er:

> „Seitdem erfuhr ich mehr:
> Was Fliegen mutwilligen Knaben, sind wir Göttern,
> sie töten uns zum Spaß.“ (IV, 1)

Es ist die alte Frage des Menschen an das Schicksal und die Götter, die gerade unschuldiges Leiden aufwirft. Insofern steht zweifellos hinter „König Lear“ das Buch Hiob.

Hier wie dort ist die menschliche Existenz als eine Schuld verstanden, die um so mehr zu erdulden hat, je größer, anspruchsvoller und tiefer sie ist. Auch Edgar kommt aus dem wilden Aufruhr der Elemente im dritten Akt und aus dem ihn fast zur Verzweiflung führenden schweifenden Wahnsinn des IV. nur heraus, indem er sich sozusagen duckt, den physisch und geistig Ärmsten, den tollen Tom, spielt und sich erniedrigt. Für Lear bleibt das wieder nur ein Traum vor der Wirklichkeit seines andersartigen Schicksals.

Deshalb gelingt es Edgar auch, wenigstens für sich und seinen Vater die Schläge des Geschicks durch ein rein gefaßtes Leiden, dem er sich mit Willen unterwirft, solange es ausweglos ist, zu überwinden und später, wenn sich die Stunde ergibt, allem Feindlichen mannhaft entgegenzutreten. Im schlimmsten Augenblick, als die Schlacht verloren, Lear und Cordelia in der Hand der Feinde und er selber mit seinem Vater fliehen muß, sagt er zu dem alten Mann, dem es nicht mehr lohnend erscheint, sich um seine Rettung zu bemühen:

> „Was, wieder Schwermut? Menschen müssen dulden
> ihr Scheiden aus der Welt wie ihre Ankunft:
> Reif sein ist alles.“ (V, II, 9/11)

Es ist das alte Wort von der Bereitschaft, der readiness, aus dem „Hamlet“, das hier zur ripeness, der Reife, gewandelt ist. Aber

Schopenhauer hat zu Unrecht sich den Mittelteil des Satzes als Zeugnis für seine lebenverneinende Weltanschauung zu eigen machen wollen. Wenn auch das Dasein im ganzen etwas ist, das wir erdulden müssen, das uns gegeben ist, in das wir geworfen sind, das wir nicht wählen, über das wir nicht verfügen können, so gibt Edgar doch gerade nicht nach. Von diesem Punkt aus und nur durch ihn und seinen leidgeprüften und bloß zeitweilig in der Maske des Ärmsten sich totstellenden Mut beginnt der Wandel in den unseligen Verkettungen. Der Triumph der schlechten Sache wird zunichte gemacht, Edmund fällt im Zweikampf und wird zugleich zum Anlaß der Selbstzerstörung der beiden bösen Schwestern. Der Herzog von Albanien, allein zu schwach zum Guten, erhält die Oberhand. Im menschlichen Spiegelbild, als die wir die Glosterhandlung neben Lear verstanden haben, ist also das letzte Wort die leidgeprüfte Lebenshoffnung aus einer gelassenen Reife: gleichmäßig für Unglück und Glück.

Aber der schreckliche Tod Cordelias und der letzte Schmerz Lears kann auch dadurch weder abgewendet, noch erträglich gemacht werden. Hier, vor dem Gipfelpunkt des Leidens in der Learhandlung, versagt der methodische Leitfaden, den uns das menschliche, nicht die letzte dämonische Größe des Königtums erreichende Geschick Glosters und Edgars an die Hand geben. Und zwar ist dieses Versagen von Shakespeare zweifellos beabsichtigt. Gloster selber findet, ganz anders als Lear, lächelnd den Tod beim Wiedererkennen seines verloren geglaubten Sohns Edgar in Hoffnung auf dessen Sieg. Damit will Shakespeare offensichtlich zeigen, daß der Vergleich Glosters und Lears in Wahrheit doch Schein bleibt, mindestens sehr begrenzt, daß also der Gegensatz größer ist als die Ähnlichkeit und Lear allein steht. Sein Schicksal wird nicht von dem anderer Menschen, das auslegbar und menschlich verständlich ist, erreicht, es versagt sich in seiner Dämonie jedem erklärenden Wort.

*

Als Lear und seine Töchter am Anfang des Stücks auftreten, ist noch nichts entschieden. Cordelia „kennt“ zwar bereits ihre Schwestern und ahnt nichts Gutes. Aber das ist doch erst Vermutung aufgrund einer allgemeinen Neigung zum Schlechten bei ihnen, und nur für den Zuschauer Vorbereitung auf Kommendes. Auch bei Edmund dient die Selbsterkenntnis des Monologs nur als Hinweis auf seine spätere Rolle und den grundsätzlichen Entschluß zum Bösen. („Pah, ich wäre geworden, was ich bin, wenn auch der jungfräulichste Stern am Firmament zu meiner Bastardisierung geblinkt hätte.“)

Was die Handlung selber in Gang bringt, sind zweifellos absichtlich kleine, alltägliche Ereignisse und Zufälle. Schon Lears Frage nach der Liebe seiner Töchter, nachdem er bereits das Reich in drei Teile geteilt hat, ist eigentlich harmlos (oder wie Goethe gesagt hat: absurd), wenn sie auch als altes symbolisches Märchenmotiv nicht bloß Einfall ist. Daß sie tieferes Gewicht annimmt, ist jedenfalls nicht vorauszusehen. Aber sie lockt dann doch die erste Entscheidung, den hochfahrenden Sinn im König, hervor. Cordelia hat natürlich recht mit ihrem Schweigen und der Unterscheidung von dem heuchlerischen Wortreichtum der Schwestern, es ist eine unmittelbare Äußerung ihres Wesens, bei der sie nicht anders kann, als sie handelt. Aber auch Lear ist nicht ganz im Unrecht, wenn man sich in sein Wesen vertieft. Die Entscheidung der Tat, der Zorn Lears, setzt aber nun die erste unwiderrufliche Bestimmung des Geschehens fest: seine Auslieferung an die zwei älteren Töchter und die Ausschaltung der jüngsten. Zugleich macht sie Goneril und Regan bereit zur Abwehr der Launen ihres Vaters.
Noch offensichtlicher sind in dem folgenden Streit Lears mit den beiden älteren Töchtern Recht und Unrecht zunächst auf beide Seiten verteilt. Es ist durchaus verständlich, wenn Lear die gleiche Rücksicht und Achtung wie früher verlangt, denn alle Macht der andern stammt ja aus seiner freiwilligen Entäußerung. Er ist immer noch der alte König und kann Dankbarkeit erwarten. Aber auch die beiden Schwestern sind zu begreifen, wenn sie sich dem hochfahrenden Zorn und den Launen des Vaters nicht widerstandslos aussetzen wollen, sie haben ja das Beispiel Cordelias. Dies ist die naturgegebene Situation. Entscheidend wird wieder, wie sie von allen Beteiligten gemeistert wird. Und hier erst zeigen nun die beiden Schwestern die herzlose Kälte und Selbstsucht, die sie auszeichnen und weiter führen, zeigt Lear (wie bereits vorher Cordelia gegenüber) den maßlosen Zorn, der ihn ins Leiden bringt. So entschleiert, man kann fast sagen: setzt erst die äußere Handlung und die im Alltäglichen angelegten Verhältnisse das Wesen der Menschen und führt sie in ihr Schicksal.
Dieses Schicksal ist bei den Bösen die endgültige Selbstzerstörung. Shakespeare hat mit Ausnahme der großen Krise in „Timon von Athen" und „Troilus und Cressida", von der noch zu sprechen sein wird, nie etwas anderes gekannt, ob es sich in der Jugend um den Mohren Aaron („Titus Andronicus"), später um Richard III., Jago, Macbeth und seine Frau oder noch zuletzt im romantischen Alter um Cloten („Cymbeline") oder Caliban („Sturm") handelt. Für die andern heißt hier das Schicksal Leiden. Es ist aber die Frage, wie dieses Leiden jeweils verstanden wird.

Natürlich ist es teils menschliche Schuld und Notwendigkeit, teils bloßes Faktum. Es kann auch verstockt wie bei Goneril und Regan, mit Sinn für die Folge wie bei Edmund, mit Verzweiflung wie bei Gloster anfänglich oder mit Gefaßtheit, Geduld und Mut ertragen werden wie von Edgar. Aber all dies sind, wie gesagt, menschliche Möglichkeiten. Das Leiden Lears selber und sein Schicksal gehört nicht zu ihnen. Schon anfänglich unterscheidet er sich dadurch, daß er ein dämonischer Mensch ist in dem ausgezeichneten Sinn, wie Platon dies Wort im Gastmahl verwendet. So ist er auch anders als Gloster. Während Gloster ängstlich abergläubisch von unheilschwangeren Vorzeichen am Himmel, Sonnen- und Mondfinsternissen redet und was für Zwiespalt in der Menschenwelt sie verkünden, wird er von seinen beiden Söhnen ausgelacht, von Edmund gleich, von Edgar später mit Trost und Belehrung. Diese Vorzeichen gelten zum mindesten gar nicht ihm, sein Geschick ist einfacher aus Schuld und Notwendigkeit erklärbar. Aber Lear ist in seiner dämonischen Natur mit den Mächten der Welt verknüpft, nur spricht er nicht von ihnen, wie wenn sie von einem Opernregisseur für ihn eigens erdacht wären, sondern er spricht zu ihnen, als sie in den großen Heideszenen des III. Akts in der Tat aus ihrer Ordnung getreten sind und seinen Geist im Wahnsinn berühren. Dies schon zeigt, daß sein Schicksal das menschlich sagbare Maß überschreitet. Auf seiner Seite aber steht auch Cordelia, die Parallelfigur zu Edgar im Glosterkreis, die zwar ebenso wie Edgar mit Mut, Entschlossenheit und Gefaßtheit das Schicksal angeht, ihm aber, obwohl genauso unschuldig wie Desdemona und ohne deren Liebeshoffnung, nicht entrinnen kann. Sie wird mit Lear in den Abgrund gerissen, ja direkt als sein Opfer im alten heidnisch tiefen Sinn.

Wenn wir nun zu diesen Erwägungen noch hinzunehmen, daß Shakespeare ja gerade diese tragischen Züge in seiner Quelle durch Zeitverkürzung gesteigert und gehäuft hat, so bleibt uns sozusagen ein Überschuß von Leiden, der anscheinend gerade als solcher gewollt ist. Der sichtbare, sich Schritt für Schritt vollziehende Verfall der großen Existenz Lears über Schuld und Leiden, Zorn, Übergriff und Wahnsinn, über das schon verschleierte Aufflackern des Lebenswillens in Cordelias Armen und die Rührung und Wehmut bis zum letzten Jammer über den Tod Cordelias und das Erlöschen in der Nacht des Todes ist nur die Außenseite dieses dämonischen Leidens an sich. Das Leiden selber steht hier sozusagen in seiner metaphysischen Realität, unbegründbar und unerklärbar, da; und es soll auch unerklärbar sein als ein Bild von der Welt, wie sie dem menschlichen Blick nicht mehr durchdringlich ist. Diesem Leiden ist auch kein menschliches Reifsein gewachsen. Shakespeare selber ist von ihm aus nur mehr in den offenen Hohn von „Troilus und Cressida" und die Weltverachtung des „Timon" oder in die Scheinwelt der romantischen Altersmärchen wie die des „Sturms" und in sein jahrelanges Verstummen vor seinem Tod (1616) gelangt.

Kurt Schilling (1953)

„Lear" – von Beckett her gesehen

Der Shakespearesche „König Lear" war das „schwarze Theater" der Romantik . . .

Behandelte man Lear und Gloster realistisch, so waren sie als tragische Helden zu lächerlich. Sah man im „Lear" ein Märchen oder eine Legende, so wurde auch die Grausamkeit der Shakespeareschen Welt märchenhaft und legendär.

Es ist eine philosophische Grausamkeit, die weder vom naturalistischen noch vom romantischen Theater bewältigt werden konnte. Nur ein neues Theater vermag das. In diesem neuen Theater gibt es keine Charaktere mehr, und die Tragik wird von der Groteske verdrängt. Letztere erweist sich als grausamer . . .

Als Gloster die Augen ausgestochen werden, will er sich von den Felsen bei Dover ins Meer stürzen. Geführt wird er vom eigenen Sohn, der einen Geistesgestörten mimt. Die beiden befinden sich auf dem Grunde menschlicher Not, auf dem Gipfel jener „Pyramide des Unglücks", wie Julius Slowacki den „König Lear" nennt. Aber die Menschen auf der Bühne sind nur zwei Schauspieler. Der eine spielt einen Blinden, der andere einen Menschen, der verrückt spielt. Sie gehen zusammen.

> Gloster. Wann werde ich zur Spitze dieses Berges kommen?
> Edgar. Ihr steigt ihn jetzt hinauf; seht, wie wir uns abmühen.
> Gloster. Mir scheint, der Boden ist flach.
> Edgar. Schrecklich steil: Horcht, hört ihr die See?
> Gloster. Nein, wirklich nicht.

Diese Szene kann man sich leicht vorstellen. Edgar stützt Gloster; er hebt den Fuß, gibt vor, einen Berg zu besteigen. Gloster hebt ebenfalls den Fuß, als erwarte er, daß die nächste Stufe höher liege, aber unter dem Fuß stößt er nur auf Luft. Diese Szene ist für ein bestimmtes Theater geschrieben. Sie ist eine Pantomime. Als solche hat sie nur

Sinn, wenn sie auf flachem und ebenem Boden gespielt wird ...
Gloster ist bereits in den Abgrund gesprungen. Beide Schauspieler befinden sich am Fuße des nichtvorhandenen Felsens. Die Pantomime geht weiter.

> Gloster. Aber bin ich denn gefallen oder nicht?
> Edgar. Vom schrecklichen Gipfel dieses kreidigen Randes.
> Schau hinauf in die Höhe; die schrill-kehlige Lerche kann man soweit nicht sehen oder hören; schau nur hinauf.
> Gloster. Ach, ich habe keine Augen ...

Die Szene des selbstmörderischen Sprunges ist ebenfalls Pantomime. Gloster kniet zum letzten Gebet nieder, dann stürzt er. Schon ist er unten. Aber ein Oben hat es nicht gegeben. Es gab gar keinen Berg. Der Berg war eine Illusion. Gloster kniete auf der leeren Bühne nieder, fiel und stand auf... Gloster, der auf den glatten, ebenen Brettern hinstürzt, spielt eine Szene aus einer großen Moralität. Er ist kein Würdenträger der Krone mehr, dem man die Augen ausgestochen hat, als Strafe für das Mitleid, das er dem vertriebenen König bezeugt hat. Gloster ist der Everyman. Die Bühne wird zum mittelalterlichen theatrum mundi, in dem das biblische Gleichnis vom Reichen, der zum Bettler wurde, und vom Menschen, der sehend wurde, als er erblindete, gezeigt wird. Der Everyman beginnt seine Wanderung durch die Welt. Das Thema des „König Lear" ist die Frage nach dem Sinn dieser Wanderung, nach Existenz oder Nichtexistenz von Himmel und Hölle ...

Der Selbstmord Glosters bleibt ein Purzelbaum auf leerer Bühne. Nicht nur die Pantomime ist in diesem Fall grotesk, sondern die ganze Situation von Anfang bis Ende. Sie ist ein vergebliches Warten auf Godot ...

Auf der Bühne wird die sarkastische und närrische Moralität über das menschliche Schicksal gespielt. Aber zuvor müssen alle Personen aus ihrem angestammten Platz entwurzelt, aus ihrer sozialen Situation herausgerissen und in die Tiefe gestoßen werden. Sie müssen den Abgrund erfahren ...

Zu Beginn gab es einen König, einen Hof und Minister, am Ende gibt es nur noch vier Bettler, die in Sturm und Regen über Wege irren. Der Fall vollzieht sich langsam oder schlagartig: Lear besitzt am Anfang ein Gefolge, das aus hundert Mann besteht, später sind es nur noch fünfzig, zum Schluß nur einer. Kent wird mit einer wütenden Geste in die Verbannung geschickt. Alles Auszeichnende fällt weg: die Würden, die gesellschaftliche Position, sogar der Name. Auch

Namen sind eitel. Jeder ist nur der Schatten seiner selbst. Nur Mensch.

Lear. Kennt mich jemand hier? Dies ist nicht Lear:
Geht Lear so? Spricht er so? Wer kann mir sagen, wer ich bin?

Narr. Lears Schatten.

Der nackte Mensch ist namenlos ... Ein Blinder ist ein Mensch, ein Verrückter ist ein Mensch, ein irrer Greis ist ein Mensch. Nur ein Mensch. Ein Nichts, das leidet, ein Nichts, das sterben muß.

Edgar. O Götter! Wer ist es, der sagen kann: Ich bin am schlimmsten dran? Ich bin schlimmer dran als ich je war... Und noch schlimmer kann es mir gehen; das Schlimmste ist es nicht, solange wir sagen können: Dies ist das Schlimmste.

Ähnlich reden Wladimir und Estragon in Becketts „Warten auf Godot" miteinander. Sie stammeln, aber in ihrem Gestammel sind Spuren der gleichen Eschatologie zu finden:

Wladimir. Kann uns nicht mehr passieren, daß wir denken.

Estragon. Worüber beklagen wir uns dann?

Wladimir. Denken ist nicht das Schlimmste.

Estragon. Gewiß, gewiß, aber das ist doch schon etwas.

Pozzo ist herrlich und prachtvoll, wenn er im ersten Teil von „Warten auf Godot" den ausgehungerten Lucky an einem Strick hinter sich herzieht. Noch sind sie Herr und Diener, Ausbeuter und Ausgebeuteter. Dann erscheinen sie abermals: Pozzo als Blinder, Lucky als Stummer. Weiterhin verbindet sie derselbe Strick. Aber sie sind nur noch Menschen.

Gloster. 's ist Fluch der Zeit, wenn Tolle Blinde führen!

Es ist Edgar, der den geblendeten Gloster zum Abgrund bei Dover führt. Eben das ist das Thema des „Endspiels", das Beckett als erster aus dem „König Lear" herausgelesen hat und das er von aller Äußerlichkeit, von allen Handlungsanhängseln befreit und in seiner ganzen Nacktheit wiederholt hat ...

In beiden Endspielen, in dem Shakespeares und in dem Becketts, ist eine Gegenwart zusammengebrochen: die der Renaissance und die unsrige.

Jan Kott (1964)

„Lear" und „Der Sturm": Machtergreifung und Machtverlust

Bei Jan Kott geht alles von den Königsdramen aus, denn sie geben Shakespeares wirkliche Welt, die Wirklichkeit der Shakespeare-Zeit. „Will man Shakespeares Welt als wirkliche Welt verstehen, so muß man mit den Königsdramen beginnen", das ist die Grundthese von Jan Kott. Diese Welt der Königsdramen aber ist bei Shakespeare ein statisches Geschehen. Um es mit den Worten von Kott zu sagen: „Jede dieser großen Geschichtstragödien beginnt mit dem Kampf um den Thron oder dessen Befestigung. Jede endet mit dem Tod des Monarchen und der neuen Krönung." Ein großer Mechanismus von Machtverlust und Machtergreifung wird demonstriert. Darum werden bei Shakespeare, wie Kott zeigt, die entscheidenden und grauenhaften Ereignisse von Mord und Verrat, Speichelleckerei und Angst als einfache Spielregeln in einem mechanischen und statischen Geschehen dargestellt. Mechanisch und statisch, weil diese Feudalwelt in ihr Endstadium eingetreten, anachronistisch geworden ist.

Vom Endspiel dieser Feudalwelt her aber versteht Kott nicht bloß die eigentlichen Königsdramen, sondern ebenso den „Hamlet" und den „Lear". „Richard III. kündigt Hamlet an", so sagt er, und setzt hinzu: „König Lear ist gleich Hamlet auch eine Tragödie des Menschen, des Zeitgenossen Shakespeare, die politische Tragödie des Humanismus der Renaissance."

Damit sind zwei Deutungsebenen für die Shakespeare-Darstellung gegeben: das Endspiel des Feudalismus und die Geistes- und Bewußtseinskrise des Menschen im Zeitalter der Renaissance, des europäischen Humanismus, der großen neuen Naturwissenschaft. Wie Jan Kott nicht zögert, die Tragödie des König Lear mit den heutigen Figuren des Iren Samuel Beckett zu vergleichen – also die Endspielphase des Feudalismus mit dem, was Thomas Mann die „bürgerliche Endzeit" genannt hat –, so trägt er auch keine Bedenken, den großen Abschiedsmonolog Prosperos im „Sturm" als Ausdruck des Renaissance-Denkens zu lesen, wie eine Inkarnation von Gedanken des Leonardo da Vinci. Aber zugleich auch als unsere Version von der „brave new world".

Die Stelle bei Kott ist so charakteristisch für seine gesamte Methode, daß man sie ausführlicher zitieren sollte: „Der große Monolog aus dem fünften Akt des ‚Sturm', der von den Romantikern als Abschied Shakespeares vom Theater und als sein Bekenntnis zur demiurgischen Kraft der Poesie gelesen wurde, steht im Grunde der Begeisterung Leonardos für die Macht des menschlichen Geistes am nächsten, der der Natur ihre elementarsten Kräfte entwunden hat. Dieser Monolog ist eine entfernte Travestie der berühmten Stelle aus Ovids Metamorphosen. Die Welt ist in ihrer Bewegung und in ihrem Wandel gesehen; die vier Elemente – Erde, Wasser, Feuer, Luft – sind befreit, aber sie gehorchen nicht mehr den Göttern, sie befinden sich in der Macht des Menschen, der die Ordnung der Natur zum ersten Male umwirft. Jede Epoche liest diesen Monolog durch ihre eigenen Erfahrungen. Für uns ist er ein Atommonolog, in dem mehr Grauen als Begeisterung liegt."

Durch diese energischen Bemühungen, stets die Probleme der Shakespeare-Zeit dialektisch mit unseren eigenen Erfahrungen verbinden zu wollen, gelingt es Kott, die geheimen Leitmotive in Shakespeares Werken überaus klar und eindrucksvoll herauszuarbeiten. Er zeigt mit überraschenden Hinweisen den „Sommernachtstraum" als Vorankündigung des „Sturm". Der Ardenner Wald aus „Wie es euch gefällt" dient auch für die spätere grausige Szenerie des „König Lear". Kott meint einmal in zugespitzter Form: „Manchmal scheint es, als habe Shakespeare in Wirklichkeit nur drei oder vier Stücke geschrieben und als variiere er diese lediglich in allen Tonarten.

Gerade dadurch konnte seine Shakespeare-Deutung selbst für die moderne Shakespeare-Darstellung fruchtbar werden. Seine Analyse des „König Lear" wurde von Peter Brook mit gewaltigem Erfolg auf der Bühne szenisch vorinterpretiert.

Jan Kott, der sich Beckett am nächsten fühlt, unterscheidet – mit Karl Marx – die Tragik einer untergehenden Welt vom tragischen Erscheinen einer Generation, die geschichtlich „zu früh" auftrete. Er scheint sich in ästhetischer Theorie vor allem der tragischen Groteske zu nähern, wenn er aus Anlaß des „König Lear" erklärt: „Die Welt der Tragödie und die der Groteske besitzen eine ähnliche Struktur. Die Groteske übernimmt die dramatischen Schemata der Tragödie und wirft dieselben Grundfragen auf. Nur daß sie andere Antworten darauf gibt."

Man muß hier abbrechen. Widerwillig entreißt man sich der Auseinandersetzung mit Kott und seinen Gedanken über Shakespeare und uns, über vertane Utopie und reales Endspiel. „Brave new world", das war bei Prospero noch die echte Anrufung einer neuen menschlichen Möglichkeit. Der vor kurzem verstorbene Aldous Huxley setzte ausgerechnet dieses Shakespeare-Wort als Titel über einen „utopischen" Roman, welcher eine künftige Menschheit im Zustand der äußersten Selbstentfremdung zeigt.

Hans Mayer

Und Shakespeare bleibt doch Shakespeare
Zu Jan Kotts Version eines Beckett-Shakespeare

Jan Kotts gelehrtes und genial kühnes Buch „Shakespeare heute" (deutsche Ausgabe im Verlag Langen-Müller, München) setzt sich zusammen aus einer Reihe von Interpretationen. Das Herzstück ist der Aufsatz über den „König Lear", wo „Endspiel"-Strukturen und die Ansätze des absurden Theaters gefunden werden. Einen gnadenlosen Geschichtsmechanismus enthüllt die Studie über die Königsdramen, ausweglosen Zynismus die Interpretation von „Troilus und Cressida", keineswegs humorvollen Liebeswahn die „Sommernachtstraum"-Deutung, arme Hoffnung in wilder Welt die antiarkadische Erläuterung des „Sturm".

Kott sucht und findet den „schwarzen" Shakespeare. Er holt Kafka, Beckett, Verzweiflungs- und Nihilismustendenzen heraus. Er scheint einer Leserschaft aus dem Herzen zu sprechen, die den schulmeisterhaft idealgesinnten Shakespeare-Deutungen begreiflicherweise mißtraut und nun erfährt, daß Shakespeare so heutig ist, wie man nur will.

Es würde nichts gegen Kotts Shakespeare-Buch besagen, wenn es — um der Eindeutigkeit und klarer Thesen willen — einige Überspitzungen enthielte. Auch Übertreibungen können wahr sein. Indessen provozierte Kotts Zugriff bisher nicht etwa die Abwehr der Leser, der begeisterten Zeitschriftenredakteure und Theaterleute, sondern die Abwehr von Shakespeare selbst. Daß dessen Werk subkutan Partien hinreißender und unüberholbarer Modernität enthält, kann ernsthaft kein Mensch bezweifeln. Wird es jedoch auf solche Gegenwärtigkeit festgenagelt, und sei es auch nur im Zusammenhang mit der durchaus einleuchtenden Behauptung, daß die Umsturz- und Umwertungssituation der Renaissance unserem unsicheren Atombombenjahrhundert weit näher stehe als etwa dem 19. Jahrhundert, dann begehrt es auf.

In dem bedeutendsten Aufsatz des Buches entwickelt Kott, warum der „König Lear" auch heute noch als Drama unheilbarer Weltverfinsterung wirken kann, inwiefern eine rein realistische Deutung die Handlung lächerlich unbegreiflich und eine Transposition in Märchenhaftes sie ungefährlich machen würde. Doch wieder muß er die Spannung wegbrechen, die innerhalb des von ewiger Unordnung bedrohten und zugleich von zähen Kräften gehaltenen Lear-Kosmos herrscht. Der

König wird ja nicht zu Nichts. Die ständische Ordnung löst sich nicht auf. Der Bösewicht gesteht. Ehre ist keine Beckettsche Lächerlichkeit, sondern ein Grund, sich mit Rittern zu umgeben und mit Töchtern zu brechen. Lear will beten.

Natürlich wird das Stück davon nicht „positiv". Aber Kott irrt und verführt, wenn er den Schlußszenen und -worten zum Trotz argumentiert, das Stück werde immer sarkastischer, die Situation immer heilloser. Um seiner These willen macht er aus einem Spannungsverhältnis einen Vorgang, eine Steigerung. Wenn der Lear-Berg erklommen ist, begegnet er Beckett auf dem Gipfel.

Kott ist durch Modernität bestechlich. Gewiß, solche Bestechlichkeit hat Kott produktiv gemacht. Ihm fiel mehr ein als den Neutralen und Unempfänglichen. Doch das Ergebnis wird sein, daß diejenigen, die sich nun von Kott bestechen lassen, einige Enttäuschungen empfinden, wenn sie wieder ihren Shakespeare sehen oder lesen und dann merken, daß er doch kein rechter Beckett-Ersatz ist. Mindestens dreimal zitiert Kott den Schluß des „Sturm": „Verzweiflung ist mein Lebensend" – aber dreimal läßt er den Nachsatz weg: „wenn nicht Gebet mir Hilfe bringt, welches so zum Himmel dringt, daß es Gewalt der Gnade tut."

Vielleicht ist die Erwähnung des Gebets nur eine beschwichtigende Redensart. Vielleicht. Wenn man das herauszuhören meint, muß man es zeigen, muß man darlegen, warum die Verzweiflungen der Shakespeare-Helden soviel mehr besagen als ihre Überzeugungen. Doch wenn Kott sich an diese Arbeit machen würde, dann müßte er sich in alle diejenigen Verstrickungen hineinbegeben, die der große, ferne Shakespeare seinen Bewunderern zumutet bis auf den heutigen Tag. Peter Altenberg hatte schon recht mit dem Ausruf: „Gott, was bist du für ein Shakespeare!"

Joachim Kaiser (1964)

Antithetische und komplexe Aussagefülle des „Lear"

Die Geschichte vom König Lear und seinen drei Töchtern ist eine alte britische Sage. In seiner Darstellung des Stoffes folgt Shakespeare verschiedenen Quellen; die Hauptrolle bildet das anonyme Bühnenstück „The True Chronicle History of King Leir". Selten findet sich bei Shakespeare jedoch eine so grundlegende Änderung des Handlungsverlaufs, des Aufbaus und Wertcharakters gegenüber der Vorlage wie hier. Shakespeare strafft und konzentriert die Handlung sehr stark, fügt die Nebenhandlung um Gloster hinzu und schafft aus dem Material des relativ belanglosen Chronikspiels eine Tragödie, die Aussagen über die letzten Dinge menschlicher Existenz zu machen hat. Dies tritt am auffallendsten in der Veränderung des Schlusses zutage: In der Quelle kommt es zu einem versöhnlichen Happy-End, wenn der alte König durch das Eingreifen seiner guten Tochter und ihres Mannes wieder in seine Rechte eingesetzt wird und bis zu seinem natürlichen Tode sein Land regiert – Shakespeare gibt dem Geschehen besonders durch den schrecklichen Abschluß tragische Dimensionen und verleiht dem Stück im ganzen eine Größe und exemplarische Bedeutung, die es weit über die Geschichte eines interessanten Einzelfalles hinaushebt.

Im Gefüge der auftretenden Personen und ihrer Reden behandelt Shakespeare nicht nur Themen, die unmittelbar mit der Handlung zu tun haben, wie das Problem des Alterns, das Verhältnis Vater–Kinder, die Stellung des Königs gegenüber seinen Untertanen und umgekehrt, sondern er bezieht größere Problemkreise ein, so vor allem: menschliche Selbsterkenntnis und Selbsttäuschung, Erkennen und Irren, wahre und falsche Werte, das Verhältnis Individuum – Gesellschaft, Liebe und Haß, Idealismus und Materialismus, Reichtum und Armut, Gerechtigkeit und Willkür.

Es ist nicht zufällig, daß in diesem Zusammenhang stets Gegensatzpaare genannt sind. Shakespeare „behandelt", um es vereinfacht zu sagen, ein allgemeines Problem konkret, indem er es auf der Bühne antithetisch durch verschiedene Charaktere (z. B. Edgar, Edmund) oder durch einen Charakter in verschiedenen Entwicklungsphasen (z. B. Lear am Anfang und am Ende) repräsentieren läßt und indem er außerdem antithetische Begriffe im Dialog und Monolog einführt.

Das tragende Aussagemedium in der Tragödie ist die Sprache, deren Möglichkeiten Shakespeare so weitgehend ausnutzt, daß es dem Zuschauer im Theater häufig gar nicht möglich ist, die Bedeutungskomplexität einzelner Stellen sofort angemessen zu erfassen. Vieles wird erst nach eingehendem, manches erst nach mehrfachem Lesen deutlich; einiges – und dazu gehören durchaus zentrale Aspekte – läßt sich gar nicht eindeutig klären, da Shakespeare – im „King Lear" mehr noch als in anderen Stücken – die Tragfähigkeit der Sprache oft bis über die Grenze sprachlicher Aussage hinaus beansprucht.

Die sich ergebenden Verständnisschwierigkeiten liegen im allgemeinen weniger in der Bestimmung des genauen Wortsinns, obwohl auch hier trotz der hinreichend vorhandenen Kommentare noch Unklarheiten bestehen, als vielmehr in der Festlegung des Stellenwerts, den ein bestimmtes Aussageelement im Rahmen des Stückes hat. Shakespeare verbindet Aussageträger auf verschiedenen sprachlichen Ebenen, wie eigentlicher Wortsinn, metaphorische Bedeutung, Handlungssituation, zu Aussagesträngen, in denen auch ein unscheinbares Wort durch seine thematischen Bezüge eine besondere Mitteilungskraft bekommen kann. So zeigt z. B. Robert B. Heilman in der bisher eingehendsten Interpretation des „King Lear" (This Great Stage, 1948), wie neben anderen die Bereiche des Sehens und der Kleidung das Stück als Muster durchziehen und die fundamentalen Fragen der rechten Einsicht sowie der vom einzelnen in der Gesellschaft bekleideten Rolle unterschiedlich zur Sprache bringen.

Die komplexe Aussagefülle und die damit zusammenhängende Uneindeutigkeit und Offenheit des „Lear" haben zur Folge, daß die Kritiker in ihrem Verständnis des Stückes stark divergieren. Hinzu kommt der verschiedene historische Standpunkt: Leser der einen Epoche treten mit anderen Fragestellungen an das Stück heran als die einer anderen. Während man in der Romantik und bis in dieses Jahrhundert hinein in erster Linie an den auftretenden Charakteren interessiert war und sie auch über den Gesichtskreis des Stückes hinaus zu verstehen trachtete, versucht man heute mehr, das Stück als Ganzes, als ein dramatisches Kunstwerk, zu deuten, wobei man den zeitgenössischen Hintergrund und die wirksame literarische Tradition sowie die Bestimmung des Stückes für die Bühne in unterschiedlichem Maße berücksichtigt. Diese Konzentration auf das Stück selbst hat die Kritiker einander jedoch kaum näher gebracht. Die Meinungsvielfalt in der heutigen Sekundärliteratur ist zum Teil verwirrend – ungeachtet der Tatsache, daß der Mensch unserer Zeit aufgrund der spezifischen Thematik einen besseren Zugang zu dem Stück hat als frühere Epochen, so daß sich der Schwerpunkt des allgemeinen Interesses an Shakespeares Tragödien heute schon vom „Hamlet" auf den „Lear" verlagert zu haben scheint.

Aus dem Nachwort von Raimund Borgmeier zur zweisprachigen Ausgabe des „König Lear" in Reclams Universal-Bibliothek Nr. 9444–46.

„König Lear" – das Drama der Verwandlungen

Mit König Lears Wesen und Wandlung setzt sich Theoderich Kampmann in seinem Buch „Shakespeares Julius Caesar und King Lear" (Paderborn 1972) auseinander. Er sagt zur Einführung:

„Daß der ‚König Lear' ein Meisterwerk von singulärer Größe ist, hat die Kritik niemals bestritten. Die Einwände richteten sich immer gegen Einzelheiten, etwa gegen die, wie man meinte, ungenügende Motivierung von Lears Machtentäußerung zu Anfang des Stückes und gegen die törichte Forderung, die Töchter möchten ihm – vor versammeltem Hofe – ihre Liebe bezeugen zusamt der willkürlich-wahnwitzigen Konsequenz der Verstoßung Cordelias. Kein Geringerer als Goethe hat den Einwand erhoben und die Exposition abgelehnt; berechtigt ist dies desungeachtet nicht.

Oder man fand den grausamen Schluß des Stückes unerträglich; wobei man sich nicht scheute – Symptom des bürgerlichen Zeitalters! –, ein Happy-End dergestalt zu konstruieren, daß Cordelia und Edgar ein Paar werden. Man wehrte sich sowohl gegen den tragischen Untergang von Lear und Cordelia wie auch gegen den Leichenhügel des fünften Aktes.

Daß Shakespeare solchergestalt nicht nur mißverstanden, sondern einfach zerstört wurde, das zu erkennen, fällt uns Heutigen nicht schwer. Leben wir doch in einer Welt völliger Ungesichertheit und Preisgegebenheit, in einer Welt der Lüge und Gewalt, in einer Welt der sogenannten Propaganda und der täglich erfahrbaren Konzentrationsläger . . ."

Man denke auch an die Todesstreifen und Tötungsmaschinen an der deutsch-deutschen „Grenze", an die Stacheldrahtverhaue und die DDR-Mauer in Berlin und an den Schießbefehl.

„Darum", so fährt Kampmann fort, „empfinden wir Personen und Ereignisse des ‚King Lear' nicht als übertreibende Erfindung, sondern als kontrollierbare Realität, nicht als Imagination eines Dichters, der seine problematische – man sagt wohl gar: sadistische – Freude hat an Blut und Mord, an Tod und Katastrophe, sondern als durchaus glaubwürdigen Ausdruck für die Verlorenheit des Menschen und die Zerbrechlichkeit der Welt."

Kampmann zeigt die Personen des Dramas in ethischem Aspekt, charakterisiert als den Bösen der „äußersten Linken" Edmund, „die schwärzeste Seele" aller Shakespeareschen Verbrecher, und gibt den Forschern recht, die Goneril und Regan „für die gemeinsten Frauen halten, die Shakespeare schuf, ein Gespann von geradezu ausnahmehafter Bosheit".

„Chorführerin der rechten Seite" ist ihm Cordelia, charakterisiert durch ihr Wort: „Ich bin nicht die erste, die, Gutes wollend, dulden muß das Schwerste."

Kampmann nennt den Lear ein Drama der Verwandlungen:

„Die Verwandlung des Königs! Sie läßt sich Schritt für Schritt verfolgen. Am Anfang der Herrscher, der Absolute, der Pantokrator, der Autokrator, der Tyrann. ‚Führt ein die Herrn von Frankreich und Burgund. / Gloster!' ‚Sehr wohl, mein König!' ‚Derweil enthüll'n wir den verschwiegnen Vorsatz. / Die Karte dort! – wißt, daß wir unser Reich / Geteilt in drei. 's ist unser fester Schluß.' (I 1) Das sind Lears erste Worte im Stück, königliche Worte. Diesem König aber entgleitet die Macht, jene Macht, die den König zum König macht, entgleiten die Insignien der Macht, entgleiten die Repräsentanten der Macht, die Behausungen der Macht, die Zeremonien der Macht. Der Mächtige verwandelt sich in den Ohnmächtigen, der Befehlende in den Gehorchenden, der König in den Bettler. Diese Verwandlung indes enthüllt das Geheimnis! Wessen Geheimnis? Das Geheimnis des Königs! Denn der König ist nicht Beruf, sondern Berufung; ist nicht eine Amtskategorie, sondern eine Qualitätskategorie; ist nicht ein Gemachtes, sondern ein Gesetztes.

So daß man sagen muß: Der scheinbare König verwandelt sich in den wirklichen König. Dieser König trägt am Anfang Lumpen – ‚Ein geflickter Lumpenkönig' heißt bei Hamlet der königliche Usurpator (III 4) –, nicht am Ende: die Lumpen des Purpurs verwandeln sich vor unseren Augen in das Königskleid des Bettlers. Lear ist königliche Majestät erst als Verwandelter. ‚Ich bin der König selbst!' ‚Ja, jeder Zoll ein König.'" (IV 6)

Kampmann kennzeichnet auch Lears Verwandlungen als Vater und Mensch, sein „Umdenken" und den religiösen Aspekt dieses Dramas der verzweifelten menschlichen Existenz, die aller Gerechtigkeit, legt man irdische Maßstäbe an, Hohn spricht.

DIE SPRACHE DES „LEAR"

Durchweg spüren wir im „Lear" eine Atmosphäre des Gewaltsamen, der Anstrengung, des Kampfes und zeitweilig der fast tödlichen körperlichen Anspannung. Das ergibt sich so selbstverständlich aus dem dramatischen Geschehen und dem seelischen Leid Lears, daß wir kaum gewahr werden, wie diese Stimmung verstärkt wird durch das allgemeine, besonders durch Verben, aber auch durch Metaphern ständig vergegenwärtigte Bild des menschlichen Körpers, der schmerzlich bewegt, gezerrt, verdreht, geschlagen, durchbohrt, gestochen, gegeißelt, verrenkt, geschunden, aufgeschlitzt, verbrannt, gemartert und auf der Folterbank gebrochen wird.

Man kann kaum eine Seite des Dramas aufschlagen, ohne daß diese Bilder und Zeitwörter auffallen; jegliche Körperbewegung – meist schmerzhafter Art – dient hier dem Ausdruck seelisch-abstrakter oder physischer Tatsachen. Nur einige Beispiele: Lear vergleicht sich mit einem Manne, der durch eine Maschine verrenkt und gefoltert wird; er klagt, Goneril habe ihn mit ihrer Zunge gestochen; heiße Tränen brechen aus seinen Augen, sein Herz wird, wie er sagt, in hunderttausend Scherben zersplittern. Kent möchte Oswald zu Mörtel stampfen, und die empörte Schilderung, die er von des Haushofmeisters Charakter gibt, beschwört das Bild von Ratten, die ein Band zerbeißen, von sich drehenden Wetterhähnen, von nachlaufenden Hunden und von gescheuchten Gänsen herauf. 's ist mehr als Mord, die Ehrfurcht so gewaltsam zu verletzen und Kent in den Block zu legen, ruft Lear, und im Zusehen schwillt seine Erregung und erhebt sich. Der Narr seinerseits bringt das weitere Bild von dem Mann, der geschleift wird, weil er an einem den Hügel hinabrollenden Rad festhält und gerade noch rechtzeitig losläßt, damit er nicht den Hals bricht.

Auch in den Szenen, die Lear nicht unmittelbar betreffen, wie etwa in den Gesprächen Glosters mit Edmund, finden wir diese eigentümlichen Züge.

Als Edmund den Zorn des Vaters gegen den ahnungslosen Edgar entfesselt hat und ihn nun von sofortigen Schritten abhalten will, bis er weitere Beweise von der Bosheit Edgars erbracht habe, formuliert er seine Gründe wie folgt: Wenn es Euch gefiele, Euern Unwillen zurückzuhalten, bis Ihr ihm ein besseres Zeugnis seiner Absichten entlocken könnt, so würdet Ihr sicherer gehen; wollt Ihr aber gewaltsam gegen ihn verfahren, und hättet Ihr Euch in seiner Absicht geirrt, so würde es Eure Ehre tödlich verwunden und das Herz seines Gehorsams zertrümmern". Und Gloster gebraucht wenig später, als er durch Edmunds Enthüllungen tatsächlich zutiefst erschüttert ist, innerhalb von zehn Zeilen die Verben und Substantive Geißel, erkalten, abfallen, sich entzweien, zerreißen, aus dem Geleise weichen, rastlos folgen, Meuterei, Zwietracht, Ränke, Hohlheit, zerstörende Umwälzungen.

Solche Verben und Bilder der körperlichen und meist schmerzhaften Bewegung werden fast ständig verwendet und durch verwandte, der unmittelbaren Schilderung dienende Worte verstärkt, so anläßlich der Behandlung Glosters: Er wird an einen Stuhl gebunden, am Bart gerauft, das Haar wird von seinem Kinn gerissen, wie ein Bär muß er am Pfahle fest die Hatze dulden, und mit geblendeten und blutenden Augen wird er aus dem Tor gestoßen, um den Weg nach Dover zu riechen.

Die einfachsten Abstrakta werden im ganzen Drama ähnlich beschrieben, so etwa Cornwalls berüchtigte Härte: Des Herzogs Art duldet nach den Worten Glosters keine Hemmung und keinen Halt. Selbst in einer an und für sich erfreulichen Szene wie der, wo der Edelmann geziert, aber doch in reizender Art beschreibt, wie Cordelia seine Nachrichten aufnahm (IV, 3), herrscht diese Stimmung körperlicher Bewegung und Anstrengung. Ihr Schmerz äußert sich, weil die Briefe sie durchbohrten; ihr Kummer wollte rebellisch ihr König sein; sie seufzte stöhnend den Namen „Vater" hervor, als preßt' er ihr das Herz; sie „schüttelte" Tränen aus den Augen und stürzte fort,

> allein mit ihrem Gram zu sein.

Man betrachte die sechs folgenden Verse, in denen Kent erklärt, Lear wolle dem Vorschlag nicht nachgeben, seine Tochter zu sehen, und in denen er dann das seelische und emotionale Leiden seines Herren nacheinander durch die Vorstellung des körperlichen Geschlagenwerdens, Schmerzerleidens und Sich-Widersetzens verbildlicht, eine Reihe von Bildern, die zusammen mit den beiden Bildern der bösen Hunde und der giftigen Schlangen sich zu überwältigender Wirkung zusammenballen: überwältigende Scham bedrängt ihn; seine Hartherzigkeit hat Cordelia seinen Segen entzogen, sie dem Zufall preisgegeben:

> Das alles sticht
> So giftig ihm das Herz, daß glüh'nde Scham
> Ihn von Cordelien fernhält.

Auch die Vorstellung von unnatürlichen Greueln, von Menschen, die an sich selbst wie Ungeheu'r der Tiefe zum Raubtier werden und einander gleich Wölfen und Tigern das Fleisch zerreißen, wird uns ständig suggeriert. Lear ist überzeugt, wenn Regan von der ihm zuteil gewordenen schlechten Behandlung erfahre, so werde sie Gonerils Wolfsgesicht mit ihren Nägeln zerfleischen; und Albanien schreit Goneril zu, sie und Regan seien „Tiger", nicht Töchter, und erklärt, wenn er seinem Gefühl folgte, so würde er ihr Fleisch und Gebein zerreißen und trennen.

Wie zahlreich und wirkungsvoll die Tier-Bilder in diesem Drama sind, ist oft beachtet worden (vor allem von Bradley). Ich will hier nur darauf hinweisen, daß sie uns nicht allein den Eindruck einer ins Tierische zurücktaumelnden Menschheit geben, sondern die Stimmung des Schreckens und des körperlichen Schmerzes verstärken, weil das Tier hier vor allem wütend oder qualvoll erregt gesehen ist. Zu den wilden Wölfen, Tigern und anderen Tieren kommen zustoßende Schlangen, der scharfzahnige und verächtliche Geier, stechende Nattern und Insekten, nagende Ratten, der gehetzte Bär und gepeitschte, heulende, bellende, tolle und bissige Hunde. All das schafft und steigert ebenfalls die unvergleichliche Stimmung von Raub, Grausamkeit und physischem Schmerz.

Als Oberton schwingt auf dem Höhepunkt der Tragödie durch all dies hindurch außerdem die Wut der Elemente mit, und auch sie wird bemerkenswerterweise ganz durch körperliche Vorstellungen vergegenwärtigt. Die Elemente sind wild, erzürnt, bewegt; Wind und Regen kämpfen miteinander um die Wette; gleich ihnen kämpft der alte König gegen sein herzerschütternd Leid und

> Rauft aus sein weißes Haar, das wüt'ge Windsbraut
> Mit blindem Grimm erfaßt.

Bis zum Schluß bleibt das Gefühl körperlicher Qual. Gloster greift das Leitmotiv der Tragödie auf und konzentriert es ein für allemal in dem fürchterlichen Bild von den Menschen, denen die Götter zum Spaß Glied um Glied ausreißen, weil sie für sie nur „was Fliegen sind den müß'gen Knaben" bedeuten. Lear sagt Cordelia, er sei

> gebunden
> Auf einem Feuerrad, das meine Tränen
> Durchglühn wie flüssig Blei.

Edgar glaubt, daß die Götter Folterinstrumente für die Menschen bereitstellen, und noch am Schluß kommt die gleiche Metapher aus dem Munde Kents, wenn er der Leiche seines geliebten Herrn sein Lebewohl zuruft:

> Laßt ihn ziehn! Der haßt ihn,
> Der auf die Folter dieser zähen Welt
> Ihn länger spannen will.

(Caroline F. Spurgeon)

EDWARD BONDS „LEAR" – DRAMA DER GEWALT

Shakespeare muß immer wieder für neue Spekulationen und Variationen herhalten. So hat die Aktualität des „Macbeth"-Stoffes 1972 zwei neue „Nachdichtungen" gezeitigt: Heiner Müllers „Macbeth" und Eugène Ionescos „Macbett". Edward Bond, der bedeutendste der zeitgenössischen englischen Dramatiker dagegen, hat sich den „Lear" vorgenommen. Er beschreibt die Geschichte eines Menschen, der politische Macht in all ihren Spielarten kennenlernt; jene politische Macht, die, diktatorisch ausgeführt, zu Korruption, Gewaltanwendung, Verbrechen, Mord und Tod führt. Ein faszinierendes zeitgenössisches Stück! Bond selbst sagt dazu: „Der erste Akt zeigt die vom Mythos beherrschte Welt, der zweite den Widerspruch zwischen Mythos und Realität. Der dritte Akt zeigt eine Lösung dieses Widerspruchs in der Welt, die wir als real erfahren, indem wir in ihr sterben."

Schrecken, Folter, Unterdrückung, Revolution und Gegenrevolution sind auch für Bonds „Lear", sein jüngstes Werk (im Royal Court Theatre), bezeichnend. Wohl von Shakespeare inspiriert, zeigt er keine Spur von Versöhnlichkeit. In mancher Beziehung ist sein „Lear" eine Fortsetzung von „King Lear". Der Schauplatz ist ein unbestimmtes Land von grenzenloser Brutalität und Korruption, die Zeit die unsere. Der in seiner Besessenheit verruchte tyrannische Herrscher läßt von mißhandelten Sklaven eine Mauer errichten, um sie angeblich zu beschützen. „Ihr mögt von Narren regiert werden, aber ihr werdet im Frieden leben." Seine zwei machtsüchtigen Töchter heiraten seine Feinde, die dritte wird Anführerin der Guerillas, ihr Gemahl erschossen, sie selbst vergewaltigt, Lear von Aufständischen überwältigt, geblendet und Gefangener. Nun versucht er, seine Taten ungeschehen zu machen. Als er beginnt, die von den neuen Herren errichtete Mauer niederzureißen, wird er erschossen. In einem ausführlichen Kommentar erklärt Bond, daß seine Aufgabe als Dramatiker darin besteht, unsere Gesellschaft zu analysieren und aufzuzeigen, was uns bevorsteht. Wir leben in einer Ordnung, für die wir biologisch nicht geeignet sind. Wenn der menschliche Organismus nicht richtig funktionieren kann, wird er aggresiv. Emotionell benehmen wir uns wie gefangene Tiere. Unsere Unschuld haben wir verloren. Die Sehnsucht, sie zurückzugewinnen, sei romantisch und verrückt, so wie der Traum, die Welt durch eine gewaltsame Revolution zu ändern.

Der „Observer" nennt „Lear" „eines der gewaltigsten Stücke seit

Jahren", der „Guardian" „vielleicht das pessimistischste und erschreckendste, das irgendein englischer Schriftsteller im letzten Jahrzehnt geschrieben hat". Die Züricher „Weltwoche" schreibt: „Mit seinem ‚Lear' ist Bond an die Seite Becketts getreten: Sagt dieser uns letzte Wahrheiten über die kosmische Situation des Menschen, so rührt Bond an die sozialen Wurzeln unserer Existenz."

Die Zeitschrift „Theater heute" (Reinhard Baumgart in Heft 3/1973) ist dagegen anderer Meinung: „Diesmal geht Bond aufs Ganze. ‚Lear' spielt in keiner definierbaren Zeit, überall und nirgendwo, gezeigt wird der Kreislauf der Herrschaft schlechthin. Lear, der um seine Untertanen mit Gewalt eine Mauer baut, um hinter ihr einen ewigen Frieden zu garantieren, wird gestürzt von seinen Töchtern Bodice und Fontanelle, die das Land wieder mit Gewalt befrieden, bis auch sie von einer Guerillabande beseitigt werden. . .

In Bonds ‚Lear' stehen Quälereien, Vergewaltigungen, Serienmorde jäh und nackt in einer Szenenfolge, die sich vor lauter Bekenntnisernst und Welttrauer kaum noch vorwärtsbewegen will. An Shakespeare erinnert außer dem Namen der Hauptfigur fast nichts mehr.

Schon ist Beckett leichtfertig als Nothelfer und Gesinnungsvetter für dieses Stück heranzitiert worden (siehe oben). Ausgerechnet Beckett, dessen Figuren doch unermüdlich, unbeirrt andenken gegen alle Fatalitäten, dessen Witz sich aufbäumt, gerade, weil und wenn es nichts mehr zu lachen gibt. Bonds ‚Lear' dagegen hängt Blei im Kopf und an allen Gliedern. . ."

Die Schwierigkeiten einer „Lear"-Inszenierung (70 Sprechrollen!) machen Aufführungen in Frankfurt, Wien, München und Berlin deutlich. (Londoner Uraufführung am 30. 9. 71, deutsche Erstaufführung in Frankfurt am 30. 9. 72.) Hierzu „Theater heute" (Rolf Michaelis in Heft 7/1973): „Auf seine sympathisch nüchterne, ehrliche Art hat Peter Palitzsch bei der deutschen Erstaufführung in Frankfurt Bonds ‚Lear' als blutigen Bilderbogen entfaltet. Nach dem Realismus dieser Aufführung sehnte sich, wer die konzeptionslose, aufgedonnerte Münchner Inszenierung sah, die William Gaskill, der Regisseur der Uraufführung in London, zubereitet hatte, und erst recht, wer die veroperte Einstudierung am Burgtheater in Wien über sich ergehen lassen mußte, der Bond selbst seinen Namen als Inszenator geliehen hat. Alle siedeln das leere, sich selbst beweinende Schicksalsdrama in einem Niemandsland an. Alle mißverstehen das Bild der Mauer, die Lear und alle Machthaber bauen, als real auf die Bühne zu klotzendes Bollwerk. . . Die Berliner Dramaturgie liest

Bonds ‚Lear' genauer. Sie mischt realistische, abstrahierende, groteske, stilisierende Elemente zu einer faszinierenden Einheit. Sie gibt wichtige Impulse für die Deutung von Bonds ‚Lear' nicht als verkorkstes politisches Drama vom Kreislauf der Revolutionen, sondern als Mummenschanz der Macht, als finstere Fabel von Königen und Knechten, als mythisches Märchen vom Menschen. Das Spielfeld ist als Kinderspielplatz angelegt, als vertiefter Sandkasten, der durch ein rotes Kreuz in vier Felder geteilt ist. In diesem Buddelplatz, angefüllt mit Spielzeug und Wohlstandsmüll der Wegwerfgesellschaft, ereignet sich Lears Welttheater. Weltkrieg im Sandkasten. Machtkampf als Kinderspiel. Folter als kaltes Experimentieren der Gören am Körper der Spielkameraden.

Kindereimerchen, Kanister, verdreckte Teppiche und Matratzen liegen in dem vertieften Sandplatz wie auf einem Abenteuer-Spielplatz herum. Ein abgefahrener Autoreifen bildet den Rand eines Brunnens. Die Hütte des Schweinehirten ist eine aus Pappe und Tüchern zusammengeflickte Wohnung, wie sie Kinder sich bauen; nur kriechend kommen die Schauspieler in dieses Spielzeughaus.

Bester Einfall in dieser nicht veräußerlichenden, sondern zum Mitdenken anregenden Aufführung: In dieser Inszenierung eines ‚Mauer'-Stücks wird der Zuschauer nicht mit einer riesigen, wachsenden Mauer erschlagen. Statt dessen erweckt sie das Bild der Mauer in uns: Am Rande des Spielplatzes ist ein kleines Mäuerchen aufgeschichtet, wie Kinder es bauen, um ihren Platz gegen den der anderen abzugrenzen. So wird klar, daß Bonds Mauer zuerst einmal die Mauer in uns meint, die seelische Verhärtung, die schon bei Kindern zu Streit, und später, wenn sie erwachsen sind, zu Mord und Totschlag führt.

In der Schlußszene kann Lear keine Mauer mehr abtragen. Er robbt auf den sich senkenden eisernen Vorhang zu, die Lichtfinger von zwei Scheinwerfern suchen ihn, und als sie ihn ergreifen, rattert eine Salve.

Der Sturm

GANG DER HANDLUNG

Fünf bis sechs Jahre nach dem „König Lear" ist Shakespeares letztes Werk, „Der Sturm", entstanden, und zahlreiche Beziehungen verknüpfen dieses Drama mit dem „Lear". Da ist nicht nur die Entfesselung der Naturgewalt, der äußere Sturm, der den Sturm des Schicksals veranlaßt oder ihm parallel läuft und in dem die von ihm Umgetriebenen auf der Bühne des Lebens umherirren, da ist auch der innere Sturm des Wahnsinns, von dem die Personen der Dramen vor den Augen der Zuschauer heimgesucht werden; da ist die Ohnmacht der Großen und der königlichen Majestät angesichts der entfesselten Elemente, da sehen wir die Entweihung der Majestät durch Spitzbüberei, Hinterlist und Verrat, erleben den Triumph der niederen Mächte und des Bösen, aber zugleich bewundernd die Stärke und Größe des Menschengeistes, der sich trotz aller Widerwärtigkeiten des Lebens und gerade im Unglück herrlich bewährt, so daß wir mit Prosperos Tochter Miranda ausrufen können:

O Wunder!
Was gibt's für herrliche Geschöpfe hier!
Wie schön der Mensch ist! Wack're neue Welt
Die solche Bürger trägt!

Die Quellenfrage des Märchenspieles „Der Sturm" ist für die Interpretation des Stückes von geringerer Bedeutung. Sie ist auch nicht ganz geklärt. Vermutlich hat Shakespeare einige Reiseberichte benutzt, vielleicht auch den Bericht über den Schiffbruch des Admirals Sir George Somers, der mit seiner Mannschaft auf die Bermudainseln verschlagen wurde, und in dem Buch „A discovery of the Bermudas" von Sylvester Jourdan (1610) enthalten ist.

Die erste Szene des ersten Aufzugs schildert in sehr bewegter Form den Schiffbruch Alonsos, des Königs von Neapel, seines Bruders Sebastian, seines Sohnes Ferdinand sowie des derzeitigen Herrschers von Mailand, Antonios, des Bruders Prosperos, des rechtmäßigen Herzogs von Mailand, der mit Hilfe Alonsos die Herrschaft an sich gerissen und Prospero seines Herzogtums beraubt hat, ferner des alten Ratsherrn Gonzalo, des Spaßmachers und Hofnarren Trinculo und des Kellermeisters Stephano. Sie alle fallen dem Sturm zum Opfer, den Prospero mit seiner Zauberkraft erregt hat, er läßt die gesamte Schiffsbesatzung stranden und auf die einsame Mittelmeerinsel gelangen, deren Beherrscher Prospero seit der Zeit ist, als Antonio ihn vor zwölf Jahren samt seiner kleinen Tochter Miranda in einem alten, halbzerstörten Schiff hatte aussetzen lassen und dem sicheren Untergang preisgeben wollen. Nur Gonzalo hatte ihm seine Zauberbücher und einige Nahrungsmittel mitgegeben. Ein gütiges Geschick hatte Prospero und Miranda damals auf eine einsame Insel verschlagen, auf der er dank seiner magischen Künste Gewalt über ein dort hausendes Ungetüm, halb Fisch, halb Mensch, namens Caliban und den Luftgeist Ariel bekam und nunmehr sein Leben zu verbringen hatte. Ein gütiges Geschick gibt ihm nun – nach zwölf Jahren – seinen damaligen Widersacher, seinen Bruder Antonio, und dessen Helfershelfer, den König Alonso von Neapel, in die Hand.

In drei Gruppen, voneinander getrennt, nicht wissend, ob die anderen noch leben oder in den Wellen des Meeres ertrunken sind, irren die Schiffbrüchigen auf der Insel umher. Zur ersten Gruppe gehören Alonso, der König von Neapel, sein Bruder Sebastian, der unrechtmäßige Herzog von Mailand, Antonio, der Rat Gonzalo und einige Hofherren. Zur zweiten Gruppe zählen der Narr Trinculo, der ständig betrunkene Kellermeister Stephano; zu ihnen gesellt sich später das Untier Caliban; diese Gruppe bildet einen Kontrast zu der Hofgesellschaft, deren Karikatur sie darstellt. Der Königssohn Ferdinand bildet für sich allein die dritte Gruppe. Als völlig Unschuldiger, der mit dem Verbrechen Antonios und seines Vaters Alonso nichts zu tun hat, irrt er abgesondert von den anderen umher. Der Luftgeist Ariel muß Prospero behilflich sein, die Bestrafung der Schuldigen, wie Prospero sie sich erdacht hat, durchzuführen. Die unter der umherirrenden Hofgesellschaft entstandene Verwirrung wird dadurch gesteigert, daß der böse Antonio Alonsos Sohn Sebastian veranlassen will, seinen schlafenden Vater zu ermorden, während er selber Gonzalo beseitigen will. Aber Ariel greift ein und verhindert das Vorhaben; zugleich bestraft er die Sündigen, indem er sie in Verzweiflung und den König, der an den Tod seines Sohnes Ferdinand glaubt, in Wahnsinn stürzt; der Schrecken soll ihr Gewissen wecken und sie läutern; auf Prosperos Geheiß fährt Ariel als Harpyie unter sie, hält ihnen eine Strafpredigt, bis Prospero selber Mitleid mit ihnen fühlt und den Bann löst.

Ferdinand dagegen will Prospero mit Miranda zusammenführen; ihre erste Begegnung verläuft nicht anders als die Romeos und Julias: Liebe auf den ersten Blick, tiefste Beseligung, nachdem Ferdinand erkannt hat, daß Miranda kein überirdisches Wesen, keine Inselgöttin, von der die geheimnisvollen Lieder und die Musik in der Luft stammen, ist, sondern ein Mensch, wie er, ein Mädchen; Prospero aber wehrt seinem Ungestüm, legt ihm Prüfungen auf, läßt ihn harte Arbeiten verrichten; beide Liebenden müssen der an sie herantretenden Versuchung widerstehen lernen, sich standhaft in der Überwindung sinnlichen Begehrens bis zur Hochzeitsnacht zeigen, ehe Prospero beide zu einem Paar vereint.

Ariel hat noch eine weitere Aufgabe: die der Bestrafung der niederen, plebejischen Naturen, vor allem Calibans. Dieser plant die Ermordung Prosperos mit Hilfe Stephanos, um sich in den Besitz der Insel zu setzen, auf der er proletarischen Instinkten gemäß eine Herrschaft „des Wohllebens und der Genußbefriedigung ohne alle Hemmungen der Vernunft" errichten möchte, bei der dann Miranda als Weib zur Abreaktion der Triebe fungieren müßte. Diese Gesellschaft ist ein Spiegelbild der „besseren", höfischen; die Ziele, eine Veränderung der gesellschaftlichen Verhältnisse, sind die gleichen, nur die angewandten Mittel sind primitiver und gröber. Demgemäß besteht auch die Strafe, welche der primitiven Gesellschaft zuteil wird, in einer groben Tracht Prügel; Prospero läßt den beiden Narren Trinculo und Stephano ihre Maskenkleider und ihren Tand vor die Nasen hängen und sie samt Caliban von Geisterhunden in die Sümpfe treiben, wo sie für ihre Vergehen büßen müssen.

Somit hat Prospero für die ausgleichende Gerechtigkeit gesorgt: Durch eine himmlische, überirdische Musik löst er die über die Hofgesellschaft verhängte Verzweiflung und Wahnsinnsanfälle auf, als er Anzeichen echter Reue sieht; der König erhält seinen totgeglaubten Sohn Ferdinand zurück und gibt sein Einverständnis zur Hochzeit Ferdinands mit Miranda. Prospero wird wieder in seine alte Herzogswürde eingesetzt und erhält sein Herzogtum Mailand zurück. Antonio und Sebastian erhalten Verzeihung, der Luftgeist Ariel wird entlassen, nachdem er noch ein Schiff herbeigeschafft hat, mit dem Prospero nach Mailand zurückkehren will, um dort wieder sein Herzogtum zu übernehmen. Der Spuk ist zu Ende, das Böse besiegt, so kann Prospero auch nunmehr auf seine Zauberkraft verzichten: Er zerbricht seinen Zauberstab und versenkt ihn in die Erde; das gleiche tut er mit seinem Zauberbuch, das die magischen

Rezepte enthält; er wird nicht mehr das Spiel der Menschen, das Spiel des Lebens leiten und lenken, ausgeträumt ist der Traum von der Macht, die Menschen zu dirigieren und zu richten, Prospero kehrt dahin zurück, von wo er hergekommen war, die Wirklichkeit, die Erde hat ihn wieder.

Wir sind aus solchem Stoff,
Aus dem man Träume macht; dies kleine Leben
Umfaßt ein Schlaf.

CHARAKTERISTIK DER HAUPTPERSONEN

Prospero

Fast alle Interpreten des Zauberlustspiels „Der Sturm" sind der Meinung, daß Prospero eine Selbstdarstellung Shakespeares ist. Man hat das Werk als sein dichterisches Testament bezeichnet und den Verzicht Prosperos auf seine Zaubereien sowie seinen Abschied von seiner Zauberinsel mit Shakespeares Abschied von der Bühne, seiner Dichterlaufbahn und seinem Rückzug in seine Heimatstadt Stratford gleichgesetzt. Ob allerdings „Verzweiflung" ob des Nachlassens seiner produktiven Kräfte Shakespeares Lebensende bestimmt, auf das man die Schlußworte des wegen seiner Echtheit umstrittenen Epiloges Prosperos bezogen hat, darüber gehen die Meinungen auseinander; man darf es füglich bezweifeln, zieht man das stolze Lebenswerk in Betracht, auf das der alte, sich zur Ruhe setzende Dichter zurückblicken konnte.

Nichtsdestoweniger haben die berühmte Rede Prosperos, mit der er in V,1 seine märchenhaften Helfershelfer und den Luftgeist Ariel für immer aus seinen Diensten entläßt, sowie der von ihm gesprochene Epilog unzweifelhaft Beziehungen zu Shakespeare selbst:

Ihr Elfen von den Hügeln, Bächen, Teichen, Hainen,
und ihr, die ihr am Strand spurlosen Fußes,
den ebbenden Neptunus jagt und flieht,
wenn er zurückkehrt; halbe Zwerge, die ihr

bei Mondschein grüne, saure Ringlein macht,
wovon das Schaf nicht frißt; die ihr zur Kurzweil
die nächtigen Pilze macht; die ihr am Klang
der Abendglock euch freut; mit deren Hilfe
(seid ihr gleich schwache Fäntchen) ich am Mittag
die Sonn umhüllt, rebellische Winde rief,
die grüne See mit der azurnen Wölbung
in lauten Kampf gesetzt, den furchtbarn Donner
bewehrt mit Feuer, und Jovis Baum gespalten
mit seinem eignen Keil, des Vorgebirgs
Grundfest erschüttert, ausgerauft am Knorren
die Ficht und Zeder; Grüft', auf mein Geheiß
weckten die Schläfer, sprangen auf
und ließen sie heraus durch meiner Kunst
gewaltigen Zwang. – Doch hier
schwör ich dies grobe Zaubern ab, und hab ich,
wie jetzt, die himmlische Musik erbeten,
zu wandeln ihre Sinne, wie der luftige
Bann vermag, zerbrech ich meinen Stab,
begrab ihn manche Klafter in die Erde;
und tiefer, als ein Senkblei je geforscht,
will ich mein Buch ertränken. (V, I, 33/57)

Hin sind meine Zauberei'n,
Was von Kraft mir bleibt, ist mein,
Und das ist wenig, nun ist's wahr . . .
Zum Zaubern fehlt mir jetzt die Kunst:
Kein Geist, der mein Gebot erkennt;
Verzweiflung ist mein Lebensend',
Wenn nicht Gebet mir Hilfe bringt,
Welches so zum Himmel dringt,
Daß es Gewalt der Gnade tut
Und macht jedweden Fehltritt gut. (Epilog)

Prospero ist ein Mensch, kein Gott. Er hat eine Geschichte, wir haben sie aus seinem Munde, erfahren sie zusammen mit der Tochter, die kindlich gescheite Fragen stellt. Die Geschichte ist politisch und ist doch auch ein Gleichnis, da hier der Verlust eines Herzogtums für das Abreißen aller weltlichen Bindungen, und das Leben auf der einsamen

Insel für jede Verwandlung in der Einsamkeit steht. Prospero hat Mailand regiert und auch wieder nicht regiert, weil er mit anderem, Höherem beschäftigt war. Es ist da von Forschung, freien Künsten und geheimer Wissenschaft die Rede — wir glauben zu verstehen, was gemeint ist mit solcher Zauberkunst, nämlich die Macht der Einbildungskraft, die erschrecken und besänftigen, erschüttern und beseligen kann. In dem Bericht über Prosperos früheres Leben aber spielt diese Macht eine durchaus negative Rolle. Sie beglückt den, der sie besitzt, aber sie sondert ihn auch ab, macht ihn dem Leben und seinen Anforderungen fremd. In dem Sinne, in dem ein Dichter unseres Jahrhunderts den Ermordeten, nicht den Mörder schuldig nannte, hat auch Prospero Schuld auf sich geladen, indem er dem Bruder zuviel vertraute, ihn zu selbständig schalten und walten ließ. Er hat sich aus allem herausgehalten und war dann plötzlich ganz draußen, nicht nur seiner Macht beraubt, sondern auch mit dem Tode bedroht. Er hat seine Helfer gefunden, gewiß. Aber das Beste, das ihm noch werden konnte, war doch die einsame Insel, das Alleinsein mit der jungen Tochter, den Geistern und sich selbst.

In diesem neuen Dasein nun spielen, wie auch schon in dem alten, die Bücher eine bedeutende Rolle. Von ihnen oder von „dem Buch" ist beständig die Rede. Nur dadurch, daß der hilfreiche Gonzalo sie dem Prospero nachschafft, kann dieser in der Wildnis sein Leben fristen. Bei allen wichtigen Entscheidungen zieht er sich zurück, sie zu befragen, und sogar der Tölpel Caliban weiß, daß mit ihrem Besitz oder Verlust des Herren Macht steht oder fällt.

Denn wie Prospero am Ende sein Buch, d a s Buch ins Meer versenkt, schwört er doch a l l e m ab, was er einst vermochte, allen Gestalten, die er aufweckte, allen Geistern, die er rief. Was immer sich während des einen langen Tages auf der Insel begibt, ist nur Vorbereitung auf solche Absage, die Absage eines großen Künstlers an seine Elfen und Dämonen, an die ganze ungeheure Welt, die er liebend und leidend beschwor . . .

Prospero, der seine Geschichte erzählt, den Luftgeist Ariel herumschickt und den Erdenkloß Caliban zornig bedroht, ist noch kein Heilsbringer, ist nicht einmal ein besonders gütiger alter Mann. Es ist ihm Unrecht geschehen, und nun ist er auf sein Recht bedacht, sein Vertrauen ist getäuscht worden, nun besteht er auf seinen Besitz.

(Marie Luise Kaschnitz)

Sicher jedenfalls hat Shakespeare bei der Bearbeitung seiner Vorlage – mag es nun ein eigenes Frühwerk oder ein fremdes gewesen sein – aus einer abenteuerlichen Liebesgeschichte sein intimstes Bekenntniswerk dadurch geschaffen, daß er mit äußerster Energie den Vater des Mädchens, den vertriebenen Herzog Prospero, in den Mittelpunkt des ganzen Gedichtes schob. Oder eigentlich ward diese Gestalt nicht in die Mitte, sondern über das Ganze gestellt; die Fäden führen herauf zu ihm, aber sie binden nicht ihn, sie binden nur einseitig die anderen an ihn. Es ist im Grunde töricht, Prospero um seiner persönlichst betonten Geistigkeit willen mit Faust zu vergleichen: Faust ist ein Suchender und Erlösung sein Ziel. Prospero ist ein Erlöster: Er steht nicht im Sturm des Schicksals, sondern über ihm – er macht ihn, ruft ihn herbei und heißt ihn schweigen. – Indem Shakespeare so unmittelbar sein Ich, das schmerzlich befreite Lächeln seiner reifen Seele einer Figur anvertraute, verletzte er das Grundgesetz der dramatischen Form, dem er seit zwanzig Jahren Treue gehalten hatte: nur im Gegeneinander der Gestalten (d. h. dramatisch), nicht durch eines einzelnen Mund (d. h. lyrisch) zu sprechen. Aber genau um diesen Preis, diese Aufhebung des eigenen Gesetzes – das ist häufig im höchsten Altersstil aller Künste! – war die Vollendung zu haben, die Vollendung der Form, die er nun schon in einer Zahl von Werken gesucht hatte. Es galt, als Ausdruck seiner letzten, herben und milden Stimmung ein Märchendrama zu schaffen: eine Welt, in der alles aus dem dunklen Wesen der Menschen folgt – ein Drama! und sich doch zum lichten Ausgang wendet, zauberhaft – ein Märchen! Wie war das zu vereinen? – In dem rohen Volksstück „Perikles" war es gar nicht vereint, sondern mit Romanzufällen zusammengestellt; auch in „Cymbelin" und selbst „Wintermärchen" blieb viel außermenschlicher, nur glücklich treffender Zufall am Werk. Erst der „Sturm" bringt die Lösung: Die zauberische Kraft, die alles zum Guten wendet, steckt in eines Menschen Wesen, ist überlegener, herrschender Menschengeist! So wird ein Märchen dramatische Wirklichkeit, und das Drama unseres Lebens märchenhaft gnädig. Dieser märchenhaft Überlegene kämpft freilich nicht mit – er tritt aus dem Drama hinaus, dorthin, wo der Dichter steht –, er ist der Dichter! Prospero ist nicht wie Hamlet, Macbeth, Lear eine von Shakespeare geschaffene Gestalt, er ist der Schöpfer selbst.

Shakespeares Heldenspiele waren Zentralbauten: alles um eine überragende Hauptfigur herum geordnet; seine Lustspiele sind symphonische Gebilde: Zusammenklang verschiedener Gruppen, alle von kleinen, nicht überragenden Personen gebildet. Hier im „Sturm" haben wir zum ersten (und letzten) Mal die vollkommene Verbindung beider Prinzipien: Prospero, der alles überragende, ist Hauptperson – und er leitet in drei sehr scharf, sehr planvoll voneinander getrennten Gruppen das Spiel der Kleinen. Die Komposition ist von größter Klarheit, dreimal wechseln die drei Teile sich ab, bis Prospero die verschiedenen bunten Spiele zu einem erhabenen Ziel hinlenkt.

Prospero hat sein letztes Werk getan; er „schwört dies grause Zaubern ab"; er wird keine Geister mehr rufen; er zerbricht seinen Stab, versenkt sein Buch „tiefer, als ein Senkblei je geforscht". – Noch einmal hatte er diese „himmlische Musik gefordert", bei deren Klang die Menschen sich fanden, nicht nur einander, sondern jeder sich selbst – „da niemand sein war"! – Nun begibt er sich der Macht – die Bücher, die ganz unschätzbaren, die ihn vor dem Verrat der Welt retteten, die Caliban verbrennen wollte, die ihn mächtiger als alle Gewalt machten – er versenkt sie – er zieht in die Heimat:

> Von drei Gedanken, die ich denke, sei
> Dort stets das Grab der eine.

(Julius Bab)

Ariel

Ein dienstbarer Geist steht Prospero zu Gebote: Neben dem dumpfen, grölenden Fischmenschen Caliban steht hilfreich der zarte Elf Ariel. – Der Name ist biblisch; aber Shakespeare hat das hebräische Wort wahrscheinlich nach dem drolligen Latein der Zeit von aer = Luft abgeleitet. Ein Luftgeist ist Ariel allerdings, und er schafft Prosperos Sturm, wie all seine Wunder. Aber es war doch ein sehr törichter Einfall einer Berliner Inszenierung, ihn stets mit großem Windgetöse erscheinen zu lassen, als sei er der Geist des schlechten Wetters! Eine andere Inszenierung, in der Ariel immer nur unmittelbar über dem Haupt des Prospero erschien – sein Gedanke, mit dem er Zwiesprache hält –, war vielleicht in der Durchführung allzu lehrhaft deutlich, aber jedenfalls nicht falsch. Ariel ist Prosperos, ist des Dichters Geist, und er wird noch einmal zum Werk gezwungen. Denn auch dieser kleine, zierlich liebliche Geist dient nicht so ganz willig. Er sehnt sich „zurück in die Elemente“ – er ist schaffensmüde. Man muß ihn zornig daran erinnern, wie auch er einst von gemeinem Zauber unterjocht war, welchen Dank er dem Willen des Weisen schuldet; mit Drohen und Versprechen bringt man ihn noch einmal ans Werk. „Ich will ferner zierlich spuken.“ Nun wirkt er im Sturm all seine leuchtenden Wunder; aber mahnend, klagend, schmeichelnd, bittend geht durch alle Akte sein Wunsch: frei zu werden, entlassen vom Werk – heim in die Elemente!

Die Dichtung spiegelt nach innen: Shakespeare ist müde – der Geist, mit dem er dichtend die Welt bezwang, er will entlassen werden. Mit rührendem Geraun geht durch das ganze Stück das Versprechen dieser Entlassung – nicht leichten Herzens, aber bestimmt gegeben: „Tu das, und in zwei Tagen entlass' ich dich“ – „Frei sollst du sein wie Wind auf Bergen: tu nur Wort für Wort, was ich dir aufgetragen.“ – „Hurtig, Geist! Du wirst nun ehestens frei.“ – „Mein Liebling Ariel! ja, du wirst mir fehlen, doch sollst du Freiheit haben. So, so, so!“ – Die Insel dieses Sturmes ist voll zauberischer Klänge – dieses ist der tiefste, der schmerzlich süßeste! Und schließlich tönt es aus: „Mein Herzens-Ariel, dies liegt dir ob; dann in die Elemente! Sei frei und leb du wohl!“

(Julius Bab)

Caliban

Seinen Namen hat er aus den alten Reisegeschichten von den westindischen Eingeborenen, den Caribanen oder Canibalen; seine Erscheinung hat Shakespeare zum erstenmal in der karikierenden Wut des Thersites gesehen: „Er ist ein wahrer Landfisch geworden, sprachlos, ein Ungeheuer.“ (Troilus und Cressida III, 3.) – Was der Dichter nun aber hier gestaltet, ist kein gemeiner oder karikierter Mensch, es ist (in vollkommen realisierter Abstraktion!) das Tier im Menschen schlechthin. Darum ist Caliban nicht eigentlich gemein und widerwärtig – das setzte Abfall vom Menschlichen voraus; er ist vor dem Menschlichen, ist im Tierstande der Unschuld. Und deshalb hat er in aller Bosheit und Wildheit eigentlich etwas Rührendes. Rührend – wie das Tier, das Hebbel einmal mit Recht „den armen Caliban der Welt“ nennt. Wie das Tier hat Caliban all die Urkräfte im Besitz, mit denen wir unser Leben gestalten: Er hat Prospero die

Quellen und Wurzeln der Insel gezeigt, seine Kraft schleppt Holz, macht Feuer, fängt Fische. Aber wie das Tier muß er vom Geist des Menschen geduckt, bezähmt, niedergehalten werden, wenn seine Kraft nicht Verderben statt Nutzen bringen soll. Und wie das Tier fühlt er sich mißhandelt, brüllt, empört sich. Wie das Tier hat er in jeder Roheit etwas Täppisch-Ehrliches, was versöhnt; wenn er einen Mord am Herrn vorschlägt, so ist das nicht wie bei den Hofleuten ein gemeines feiges Flüstern voll verlogenen Sinns, sondern ein harmlos offenes Gebrüll. Und er ist klug wie das Tier (instinktklug, obwohl geistlos!) – er fällt nicht auf den Köder von Prunkkleidern herein, den Prospero den bestialischen Burschen hingehängt hat. Er warnt die menschlichen Kumpane vor diesem eitlen Plunder: „Vergafft zu sein in solche Lumpen? Laßt das und tut den Mord erst!" – Die eigentliche eitel-verlogene Widerwärtigkeit der menschlichen Gemeinheit kann erst in Erscheinung treten, wenn zu der Dumpfheit und Instinktsicherheit des Tieres menschlicher Witz, tierisch mißbrauchter Geist tritt. Diese Idealkomposition der Scheusäligkeit hat Shakespeare mit einem Zuge geschaffen, der all seine Groteskszenen würdig krönt – ein Clownstrick voll Tiefsinn! Trinculo, der fade Narr, kriecht aus Wetterfurcht mit Caliban unter eine Decke, und wenn nun Stephano, der Trunkenbold, kommt, findet sein umdunstetes Auge ein Untier mit vier Beinen und zwei Köpfen! Jetzt ist die Gemeinheit perfekt: „Seine Vorderstimme wird nun Gutes von seinem Freunde reden; seine Hinterstimme wird böse Reden ausstoßen und verleumden." Stephano schüttet sein Gesöff in beide Kehlen – und so bekommt er beide in die Gewalt. Was Liebe für die Kinder, Macht für die politischen Intriganten war, für die Tiermenschen ist es der Fusel: die Quelle des Rausches! Der Herr des Alkohols wird Calibans Gott, für ihn will er morden und schänden – er leckt ihm die Füße und brüllt „Freiheit!" dazu. Wie in Auerbachs Keller wirkt der Rausch krönend: „Die Bestialität wird sich gar herrlich offenbaren!" – Hier nun hilft nicht weise Lenkung noch mahnender Schrecken – den Bestien kann man nur mit Gewalt beikommen: Mit Hundegekläff und Peitschenknall hält Prospero diese Unterwelt in Zucht.

An dem ewig Gemeinen ist seine Kunst wirklich verloren; er lehrte Caliban die Sprache – und der gebraucht sie, um ihm zu fluchen. Auch der Verstand wird als bloßes Zivilisationsmittel von der Menschenbestie hundertfach viehisch zu allem Bösen mißbraucht. Nur im Joch und unter der Peitsche ist das mörderische Vieh ein brauchbarer Gehilfe am Menschenwerk – an dieser schmerzhaften Erkenntnis kommt Prospero zuletzt auch nicht vorbei.

Ein Teufel, ein geborner Teufel ist's,
An dessen Art die Pflege nimmer haftet,
An dem die Mühe, die ich menschlich nahm,
Ganz, ganz verloren ist, durchaus verloren;
Und wie sein Leib durchs Alter garst'ger wird,
Verstockt sein Sinn sich. So will ich ihn plagen,
Bis zum Gebrüll.

(Julius Bab)

MARGINALIEN ZU SHAKESPEARES „STURM"

Das Ende kehrt zum Anfang zurück

„Von allen großen Dramen Shakespeares scheint das Finale des ‚Sturm' am heitersten zu sein. Prospero wird wieder Herzog von Mailand, Alonso, der König von Neapel, gewinnt seinen Sohn zurück und bereut den begangenen Verrat. Der befreite Ariel zerfließt in der reinen Luft. Caliban hat begriffen, daß er einen Trunkenbold für einen Gott gehalten hat. Die jungen Liebenden, Ferdinand und Miranda, spielen Schach um zwanzig Königreiche. Das Schiff harrt unversehrt in einer sicheren Bucht. Alle Schuld ist vergeben, alles Verbrechen verziehen. Sogar die beiden wortbrüchigen Brüder werden zum Abendessen in Prosperos Hütte geladen. Die Moralität ist zu Ende, der Zauber ist zerstoben und mit ihm der Wahnsinn. Die Leidenschaften sind erloschen, und die Elemente haben sich beruhigt. Am nächsten Morgen sollen die beiden Herrscher und alle Personen des Dramas zurück nach Neapel fahren. Die Handlung des ‚Sturm' kehrt zum Anfang zurück. Wird sie sich noch einmal wiederholen?"

So fragt Jan Kott in seinem Buch „Shakespeare heute". Wir meinen, daß sie sich sicher noch einmal, noch mehrere Male und immer wieder wiederholen wird. Das Spiel des Lebens geht weiter. Es wird immer wieder das gleiche Spiel sein, nur die Gestalt des Prospero wird wechseln: Ein anderer wird den versenkten Zauberstab wieder hervorholen, wird ihn erheben und ein anderes, neues, im Kern aber gleiches theatrum mundi inszenieren . . .

Das Problem der Zeit in Shakespeares „Sturm"

„Shakespeare, der ansonsten so großzügig mit der Zeit umgeht, der ganze Monate in einer Szene zusammenrafft oder sechzehn lange Jahre zwischen den beiden Akten des „Wintermärchens" verstreichen läßt, berechnet die Zeit des „Sturm" auf die Minute genau. Nach zwei Uhr gerät das Schiff, an dessen Bord sich Alonso befindet, vom Blitz getroffen in Feuer und zerschellt am Ufer, um sechs Uhr abends begeben sich die Männer zum Mahl; Prospero hat sein Herzogtum wieder, Alonso seinen Sohn, Ferdinand hat Miranda gewonnen. Shakespeares Uhr, die Uhr des Dramas, läuft diesmal genauso wie alle anderen Uhren. Die Aufführungen zu Shakespeares Zeiten begannen gegen drei Uhr und waren um sechs zu Ende. Zwischen zwei und drei beginnen die Zaubereien Prosperos, und um sechs Uhr abends hören sie auf. Man kann darin schwerlich einen Zufall erblicken." (Jan Kott)

Gewalttätigkeit, Staatsstreich und Restauration

„Prosperos Erzählung ist die Geschichte von Machtkampf, Gewalttätigkeit und Staatsstreich. Aber sie ist nicht nur die Geschichte des Herzogtums Mailand. Dasselbe Thema wird sich in den Geschicken Ariels und Calibans wiederholen. Gewalttätigkeit als Prinzip der Welt wird in verschiedenen kosmischen Kategorien gezeigt. Dasselbe Thema wiederholt sich in Dur und Moll, in allen Registern der Shakespeareschen Musik.

Staatsstreich durch Antonio und Alonso das ist Nummer eins. Und dies Nummer zwei: Noch bevor die Meeresströmungen das Floß mit Miranda und Prospero auf die Insel brachten, wurde ebenfalls ein Gewalt- und Terrorakt verübt. Ariel wurde von der Hexe Sykorax gefangengenommen und in einer hohlen Fichte eingekerkert . . . Prospero befreit Ariel, damit er sein Diener werde und seine Wünsche erfülle . . .

Durch Caliban wird nun dasselbe Thema zum dritten Mal wiederholt werden. Caliban ist ein Wurf der Hexe Sykorax mit dem Teufel. Nach ihrem Tod begann Caliban auf der Insel zu herrschen. Er war der rechtmäßige Herrscher. Caliban wurde durch Prospero gestürzt, so wie Prospero durch Antonio . . ."

Die Narren spielen nun die für die Herrscher vorbehaltene Situation.

Der Trunkenbold Stephano und der Narr Trinculo wollen ebenfalls regieren. Zusammen mit Caliban planen sie ein Attentat auf Prospero. Die Geschichte wiederholt sich noch einmal, aber diesmal ist sie nur eine Farce . . .

Soweit Jan Kott. Wir sehen, wie der Kreis sich dreht, aber am Schluß folgt auf die Rebellion die Restauration, und alle werden wieder in ihre alten Rechte eingesetzt. Die Ordnung der Welt ist wiederhergestellt.

Wo liegt Prosperos Insel?

„Für die meisten Interpreten ist die Insel im ‚Sturm' der Schauplatz einer Feerie oder einer Utopie. Wir müssen uns diese Insel näher ansehen, schließlich ist sie die Bühne des eigentlichen Dramas. Wo liegt diese Insel, was hat sie zu bedeuten und wie hat Shakespeare sie beschrieben? Aus dem Itinerarium der Seefahrt des Königs von Neapel, Alonso, der aus Tunis kommt, sowie aus der Geschichte der Hexe Sykorax, die auf die Insel von Algier her kommt, geht hervor, daß Prosperos Insel im Mittelmeer liegen müßte. Die Wege des Königs und der Hexe kreuzen sich in der Nähe von Malta. Andere Interpreten lokalisieren die Insel in der Nähe von Sizilien und sehen in ihr die felsige Pantellaria oder suchen sie am nordafrikanischen Ufer und wollen in ihr Lampedusa erkennen . . .

Es erscheint uns aber als müßig, nach dem Breitengrad von Prosperos Insel zu fahnden. Es ist auch müßig, die Insel Prosperos auf den weißen Flecken der alten Landkarten zu suchen . . . Auch dort liegt diese Insel nicht. Prosperos Insel ist die Welt oder die Bühne. Für die Elisabethaner war das gleichbedeutend, die Bühne war die Welt, die Welt war die Bühne. Auf Prosperos Insel entwickelt sich in großer Abbreviation die Shakespearesche Geschichte der Welt. Sie besteht aus Machtkampf, Mord, Rebellion und Gewalttätigkeit . . . Diese Insel ist ein Garten der Marter oder ein Bild menschlichen Wahnsinns . . . Auf dieser Insel vollziehen sich die ‚Foltern der grimmigen Welt'. Jener Welt, deren Zeuge Shakespeare war. Darin gibt es keine Götter . . ."

(Jan Kott)

Vielleicht gibt es doch Götter darin. Denn in diesem Garten der Marter erblüht die zarte Pflanze der keuschen Liebe, finden Ferdinand und Miranda zueinander, und ausgerechnet Miranda, Prosperos Tochter, der von ihrem Vater doch ein anderes Bild der Welt übermittelt worden sein dürfte, sagt: „Wie schön der Mensch ist! Wackre neue Welt, die solche Bürger trägt." Würde sie dies sagen, wenn es nur „Machtkampf, Mord, Rebellion und Gewalttätigkeit" geben würde? Die Insel der Marter kann auch eine Insel der Seligkeit sein.

Die Personen im „Sturm"

Prospero ist keineswegs nur der alte Weise, der sich am Ende seiner Zauberkraft begibt und Ariel freiläßt; sondern es liegen Schatten auf seiner Gestalt: seine Wutanfälle, sein Rachedurst, seine nur mühselige Wendung zur Vergebung, von der er Caliban und andere ausnimmt.

Viel eindeutiger vertritt Miranda Güte, Reinheit und Adel der Gesinnung, wenn freilich noch unberührt von der Welt, was ihr bekannter Aufruf „brave new world" zeigt. Man hat sie gelegentlich als „fades junges Ding" bezeichnet, zumal ihre Liebesgeschichte mit Ferdinand nicht wenig unter der Regie des Schicksal spielenden Vaters leidet. Aber der Text läßt keinen Zweifel, daß Shakespeare sie als Inkarnation der Tugend, insbesondere der Keuschheit, aufgefaßt wissen will.

Als die edle Natur des Menschen steht sie in extremem Gegensatz zu Caliban, der den Werten der Kultur und Bildung unzugänglich ist:

> A devil, a born devil, on whose nature
> Nature can never stick. (IV, 1)

Die Zivilisation bringt ihm nichts Gutes, sondern nur den Alkohol und einen neuen unwürdigen Herren in Stephano.

Auch die anderen Figuren bleiben im moralischen Zwielicht. Der Usurpator Antonio, der als „evil nature" bezeichnet wird, macht ebensowenig einen Wandel durch wie die makabren Trunkenbolde Stephano und Trinculo. Was Ariel in seinem Lied als „sea-change" bezeichnet, den Wandel von Schmerz zu Glück, von Tod zu Schönheit, vollzieht sich auf der für das Stück so wichtigen sittlichen Ebene nur in König Alonso. Auch nachdem Prospero sich zur Vergebung durchgerungen hat und das Wort vom Verlieren und Wiederfinden – auch hier das große Thema – gefallen ist, geht die Rechnung nicht auf: das Böse bleibt bestehen. Der Epilog besagt, daß die Menschen auf Nachsicht angewiesen sind, die Menschen, die, wie es in dem wohl berühmtesten Zitat des Stückes heißt, nur wie ein Traum sind:

We are such stuff
As dreams are made on; and our little life
Is rounded with a sleep.

(Edgar Mertner)

„Wackere neue Welt"

In „König Lear" gibt Shakespeare die Beschreibung eines Weltbildes von grausiger Unbarmherzigkeit und Härte. Das Fegefeuer existiert, aber nicht in einem Jenseits, sondern hier und heute. Auf diese Tragödie folgte in seinen letzten Schaffensjahren eine Serie von romantischen Schauspielen voll seltsamer und unwahrscheinlicher Abenteuer; sie spielen in einer Atmosphäre der Ergebenheit, der Bereitschaft zum Verzeihen, der Überzeugung, daß – auch dann, wenn alles auf das Gegenteil hindeutet – Gott in seinem Himmel wohnt und in der Welt alles zum besten bestellt ist. Am Ende steht die ruhevolle Größe des „Sturms"; aber welches Entsetzen muß auf dem Wege dorthin erlebt, welche Qual erduldet werden! Prospero im „Sturm" begibt sich seiner magischen Kräfte am Ende des Spiels. Aber fast das ganze Stück hindurch erscheint er uns als Zauberer – zwar als ein „weiser" Zauberer, jedoch als einer, der in seiner Beziehung zu dem unglückseligen Caliban erheblicher Boshaftigkeit fähig ist. Ein weiser Zauberer, der sich in der Ausarbeitung seiner Tricks zur Hereinlegung seiner Feinde äußerst gerissen zeigt. Er hat Einblick in das Wesen der letzten Dinge genommen und weiß nun, was man zu tun und was man zu vermeiden hat.

Das Fest ist jetzt zu Ende; unsre Spieler,
Wie ich euch sagte, waren Geister, und
Sind aufgelöst in Luft, in dünne Luft.
Wie dieses Scheines lockrer Bau, so werden
Die wolkenhohen Türme, die Paläste,
Die hehren Tempel, selbst der große Ball,
Ja, was daran nur Teil hat, untergehn;
Und, wie dies leere Schaugepräng' erblaßt,
Spurlos verschwinden. Wir sind solcher Zeug
Wie der zu Träumen, und dies klein Leben
Umfaßt ein Schlaf.

Prospero folgt hier der Maja-Lehre. Die Welt ist eine Illusion, aber eine Illusion, die man ernst zu nehmen hat, weil sie bis zu einem gewissen Grad real ist und sich in jenen Aspekten der Realität zeigt, die wir zu begreifen fähig sind. Wir sind verpflichtet, aufzuwachen. Es ist uns auferlegt, die Ganzheit der Realität in dem einen Partikelchen Illusion zu erkennen, daß unser egozentrisches Bewußtsein uns zu erblicken erlaubt. Wir dürfen nicht, gedankenlos dahinlebend, unsere Illusion für Wirklichkeit halten, aber wir dürfen uns auch nicht so sehr in unsere Gedanken vergraben, daß wir aus unserer Traumwelt zu entweichen trachten. Wir dürfen nicht versuchen, außerhalb der uns zubestimmten Welt auf einer einsamen Insel zu leben, sondern wir müssen lernen, diese Welt auf irgendeine Weise zu verwandeln und umzugestalten. Zuviel „Weisheit" ist ebenso schädlich wie zuwenig Weisheit, und es darf dabei keine Zaubertricks geben. Wir müssen lernen, uns der Realität ohne Zauberstab und Zauberformeln zu nähern. Wir müssen lernen, innerhalb dieser Welt zu leben, ohne ein Teil dieser Welt zu sein; innerhalb dieser Zeit zu leben, ohne von dieser Zeit völlig überflutet zu werden.

Aldous Huxley (1963)

LITERATURNACHWEIS

Allgemeine Shakespeare-Literatur:

Wolfgang Clemen: Shakespeare heute, Die Zeit, 17. 4. 1964.

Max Deutschbein: Die kosmischen Mächte bei Shakespeare, Dortmund 1947.

H. Gaudig: Erläuterungen zu Dichtungen für Schule und Haus = Wegweiser durch klassische Schuldramen IV, 2. Auflage, Berlin und Leipzig 1818.

Joseph Gregor: Shakespeare, München 1948.

Friedrich Gundolf: Shakespeare, sein Wesen und Werk, 2. Aufl. Berlin 1949.

Curt Hohoff: Der deutsche Shakespeare, Süddt. Zeitung 25. 4. 1969.

Karl Klein (ed.): Wege der Shakespeare-Forschung, Darmstadt 1973.

Jan Kott: Shakespeare heute, München 1964.

Kenneth Muir-Samuel Schoenbaum: Shakespeare, Stuttgart 1972.

Paul Meißner und Martin Lehnert: Shakespeare, Sammlung Göschen Bd. 1142, W. de Gruyter, Berlin 1954*).

Kurt Schilling: Shakespeare, München/Basel 1953.

Reinhold Schneider: Macht und Gewissen in Shakespeares Tragödien, Suhrkamp, Berlin 1947.

Ernst Th. Sehrt: Shakespeare, Stuttgart 1958.

Ernst Leopold Stahl: Shakespeare aus dem deutschen Theater, W. Kohlhammer, Stuttgart 1947*).

Rudolf Stamm: Geschichte des englischen Theaters. A. Francke Verlag, Bern 1951*).

Ernst Stein: Shakespeare und die Deutschen, Die Zeit, 24. 4. 1964.

August Rüegg: Shakespeare, eine Einführung in seine Dramen A. Francke Verlag, Bern 1951.

Shakespeare-Jahrbücher. Bände 80/81, 82/83, 84/86, 87/88, 89, 90, 91*), darin vor allem die Aufsätze: Lotte Schmetz: Die Charakterisierung der Personen durch die Sprache im Macbeth, Bd. 4/85; Wolfgang Stroedel: Die Gestalt des Usur-

---

*) Die mit Sternchen versehenen Werke enthalten ausführliche Literaturverzeichnisse, die Shakespeare-Jahrbücher bibliographische Hinweise.

patores in Shakespeares Dramen, Bd. 87/88; Benno von Wiese: Gestaltungen des Bösen in Shakespeares dramatischen Werken, Bd. 89; Margaret D. Burrell: Macbeth: A Study in Paradox, Bd. 90; H. H. Borchert: Schillers Bühnenbearbeitungen Shakespearescher Werke. Bd. 91.

Shakespeare-Handbuch. Die Zeit – Der Mensch – Das Werk – Die Nachwelt. Hrsg. Ina Schabert, Stuttgart 1972.

Zum „König Lear" und zum „Sturm":

Julius Bab: Einleitung zu „König Lear" und zum „Sturm" in William Shakespeare, Sämtliche Werke, Bd. 7 u. 9, Stuttgart o. J.

Reinhard Baumgart: Ein deutsches Stück? (Zu Edward Bonds „Lear"), Theater heute, Velber 1973/3.

Raimund Borgemeier: Nachwort zur zweisprachigen Ausgabe des „König Lear", Reclams Universal-Bibliothek Nr. 9444–46, Stuttgart 1973.

Andrew C. Bradley: König Lear in: Ernst Th. Sehrt, Shakespeare, Englische Essays, Stuttgart 1958.

Wolfgang Clemen, Shakespeares „King Lear". In: Wege der Shakespeare-Forschung (Wege der Forschung Bd. 115), Darmstadt 1971.

Samuel T. Coleridge: Der Sturm, ebenda.

Robert B. Heilmann: Thies Great Stage. Image and Structure in King Lear, Washington 1963.

Aldous Huxley: Shakespeare und die Religion, Süddt. Zeitung 25. 4. 1964.

Joachim Kaiser: Wie jung ist der Vierhundertjährige?, ebenda.

Theoderich Kampmann: Shakespeares Julius Caesar und King Lear, zeitgemäße Deutungsversuche, Paderborn 1972.

Marie Luise Kaschnitz: Prospero in: Zwischen Immer und Nie, Frankfurt a. M. 1971.

Frank Kermode: Shakespeare, King Lear, London 1969.

L. C. Knights: Shakespearean Themes, London 1959.

Maynard Mack: King Lear in Our Time, London 1966.

Hans Mayer: Shakespeare – von Beckett her verstanden, Die Welt, 25. 4. 1964.

Rolf Michaelis: Weltkrieg im Sandkasten (zu Edward Bonds „Lear") Theater heute, Velber 1973/7.

Caroline F. Spurgeon: Leitmotive in der Bildersprache von Shakespeares Tragödien in: Ernst Th. Sehrt, Englische Essays, Stuttgart 1958.

Ewald S t a n d o p – Edgar M e r t n e r : Englische Literaturgeschichte, Heidelberg 1967.

ANGLO-AMERIKANISCHE SHAKESPEARE-BEARBEITUNGEN DES 20. JAHRHUNDERTS

(Ars interpretandi Bd. 9)
Hrsg. von Horst Prießnitz, Darmstadt 1980.

Darin:
G a l l a c h e r , T.: „The Sea Change"
L e n g d e r , R.: Prosperos Rückkehr – W. H. Auden, „The Sea and the Mirror"
M a a c k , A.: Variationen über „King Lear". Robin Maughams „Mister Lear" und Rony Robinsons „The Royal Fool".
O p p e l , H.: Gordon Bottomley, „King Lear's Wife".
S t r a t m a n n , G.: Edward Bond, „King Lear".

Chemie

Th. Bokorny

Chemie-Gerüst

Wegweiser und Ratgeber für Schüler und Abiturienten.
13. neubearbeitete Auflage
128 Seiten

Bestell-Nr. 0674-2

Dieses kurze, in Tabellenform abgefaßte, Vademecum der Chemie soll kein Lehrbuch oder Lexikon sein, sondern die großen Linien und wissenswerten Teile der modernen Chemie übersichtlich klar und einprägsam veranschaulichen und in Erinnerung bringen.

Thomas Neubert

Chemische Formelsammlung 9.-10. Klasse

36 Seiten

Bestell.-Nr. 0685-8

Hier wurden die wesentlichen Formeln mit Ihren Anwendungsmöglichkeiten aufgezeichnet. Für den Schulunterricht und für häusliches Arbeiten ein wichtiges Hilfsmittel – echte Lernhilfe!

Deutsch

Christian Floto

Basisinterpretationen für den Literatur- und Deutschunterricht I

-Ausgewählte Stücke und Prosa von Shakespeare bis Ionesco-

96 Seiten 2. Auflage

Bestell-Nr. 0589-4
Nach einer kurzen Skizzierung der Literaturepoche werden anhand häufig gelesener Stücke Basisinterpretationen gegeben. Alle Beispiele entstanden im Unterricht der Sekundarstufen.
Folgende Stücke werden u.a. behandelt:
Shakespeare, Hamlet - Lessing, Nathan - Schiller, Wallenstein - Goethe, Iphigenie - Kleist, Marquise von O/Die Verlobung ... - Fontane, Effi Briest - Dostojewski, Der Spieler - Hauptmann, Rose Bernd -Mann, Tonio Kröger - Döblin, Berlin Alexanderplatz - Kafka, Der Prozeß - Brecht, Sezuan - Kipphardt, Oppenheimer - Frisch, Homo Faber - Frisch, Biedermann u. Br. - Ionesco, Die Stühle.

Bernd Matzkowski

Basisinterpretationen für den Literatur- und Deutschunterricht III

Untersuchungen und didaktische Hinweise zum Volksbuch Till Eulenspiegel.

Hinweise auf den Schelmenroman.

80 Seiten

Bestell-Nr. 0598-3

Sachanalyse - Ausgewählte Historien - Motivquerverbindungen zu Schelmenromanen des 16. und 17. Jahrhunderts - Vorschläge für die Behandlung im Unterricht u.a.

Bernd Matzkowski/Ernst Scott

Basisinterpretationen für den Literatur- und Deutschunterricht IV

36 moderne deutsche Kurzgeschichten mit Arbeitsfragen.

112 Seiten

Bestell-Nr. 0599-1

Interpretation der Kurzgeschichten **mit Arbeitsfragen** zu
ARBEITSTEXTE FÜR DEN UNTERRICHT (Reclam)
Deutsche Kurzgeschichten 11.-13. Schuljahr und Pratz/Tiel:
NEUE DEUTSCHE KURZGESCHICHTEN
(Deisterweg)

Karin Cohrs/Martin H. Ludwig

Basisinterpretationen für den Literatur- und Deutschunterricht V

Romane und Novellen des 19. Jahrh.

120 Seiten

Bestell-Nr. 0631-9

Aus dem Inhalt:
Einleitung, Politik und Kultur des 19. Jahrhunderts - Interpretationen ausgewählter Romane und Novellen.

Kurzbiographie des Dichters - Entstehung des Werkes - Inhalt - Charaktere - Situationen - Erschließung des Textes (stilistische Besonderheiten, literaturhistorischer Rahmen, gesellschaftliche und politische Bezüge usw.). Arbeitsfragen.
Hoffmann, Das Fräulein von Scuderi - Kleist, Das Erdbeben in Chili - Mörike, Maler Nolten - Gotthelf, Wie Uli der Knecht glücklich wird - Storm, Immensee - Droste-Hülshoff, Die Judenbuche - Raabe, Die Akten des Vogelgesangs - Fontane, Der Stechlin - Eichendorff, Aus dem Leben eines Taugenichts - Keller, Die drei gerechten Kammacher - Storm, Hans und Heinz Kirch - Raabe, Die schwarze Galeere - Fontane, Schach von Wuthenow - Hauptmann, Bahnwärter Thiel

Rüdiger Giese/Christian Floto

Basisinterpretationen für den Literatur- und Deutschunterricht VI

Romane und Novellen aus dem 20.Jahrhundert

112 Seiten

Bestell-Nr. 0473-1

Schnitzler, Leutnant Gustl - Mann, Tod in Venedig - Kafka, Die Verwandlung - Hesse, Der Steppenwolf - Kästner, Fabian - Mann, Mephisto - Zweig, Schachnovelle - Böll, Haus ohne Hüter - Wolf, Der geteilte Himmel - Kempowski, Tadellöser und Wolff

Bausteine - Deutsch

stellt detaillierte Unterrichtsstunden zur Behandlung unterschiedlichster Texte für die Sekundarstufen I und II vor.

Anordnung der Stunden als Sequenzen - Texte und Textanalysen - Didaktisch-methodische Arbeitshinweise - praktisch zu handhaben.

Angesprochen sind Lehrer und Lehramtsanwärter aller Schulformen.

Autoren sind: Praktiker - Ausbilder - Fachwissenschaftler aus allen Schulformen.

Bausteine Lyrik I

Spiel mit Sprache/Lyrischer Humor/Konkrete Poesie

Bestell-Nr. 0650-5

Bausteine Lyrik II

Balladen/Modernes Erzählgedicht/Chanson/Politische Lyrik/Thema- und Motivverwandtschaft.
Bestell-Nr. 0651-3

Gerhart Hauptmann: Die Weber
Bestell-Nr. 0652-1

Max Frisch: Homo Faber
Bestell-Nr. 0653-X

Theodor Storm: Pole Poppenspäler
Bestell-Nr. 0654-8

Albert Camus: Die Pest
Bestell-Nr. 0655-6

George Orwell: 1984/Animal Farm
Bestell-Nr. 0656-4

Thomas Mann: Tonio Kröger
Bestell-Nr. 0657-2

Goethe-Plenzdorf: Werther
Bestell-Nr. 0658-0

Theodor Storm: Schimmelreiter
Bestell-Nr. 0659-9

Gotth. E. Lessing: Nathan der Weise
Bestell-Nr. 0660-2

Fr. Dürrenmatt:
Der Richter und sein Henker
Bestell-Nr. 0661-0

Joh. W. von Goethe: Faust I/II
Bestell-Nr. 0662-9

Jos. v. Eichendorff: Taugenichts
Bestell-Nr. 0663-7

Hermann Hesse: Der Steppenwolf
Bestell-Nr. 0664-5

Franz Kafka: Kurze Prosaformen
Bestell-Nr. 0665-3

Joh. Wolfg. von Goethe:
Iphigenie auf Tauris
Bestell-Nr. 0666-1

Bert Brecht: Leben des Galilei
Bestell-Nr. 0667-X

Annette von Droste-Hülshoff:
Die Judenbuche
Bestell.-Nr. 0668-8

Dichtung in Theorie und Praxis

Texte für den Unterricht

Mit dieser Serie von Einzelheften legt der BANGE-VERLAG Längs- und Querschnitte durch Dichtungs-(Literatur) Gattungen für die Sekundarstufen vor.
Jeder Band ist - wie der Reihentitel bereits aussagt - in die Teile Theorie und Praxis gegliedert; darüber hinaus werden jeweils zahlreiche Texte geboten, die den Gliederungsstellen zugeordnet sind. Ein Teil Arbeitsanweisungen schließt sich an, der entweder Leitfragen für die einzelnen Abschnitte oder übergeordnete oder beides bringt.

Wir hoffen bei der Auswahl der Texte eine „ausgewogene Linie" eingehalten und die Bände für die Benutzer wirklich brauchbar gestaltet zu haben.

Bestell-Nr.

450 Die Lyrik
451 Die Ballade
452 Das Drama
453 Kriminalliteratur
454 Die Novelle
455 Der Roman
456 Kurzprosa
(Kurzgeschichte, Kalendergeschichte/Skizze/Anekdote)
457 Die Fabel
458 Der Gebrauchstext
459 Das Hörspiel
460 Trivialliteratur
461 Die Parabel
462 Die politische Rede
463 Deutsche Lustspiele und Komödien

Weitere Bände in Vorbereitung

Egon Ecker

Wie interpretiere ich Novellen und Romane?

Methoden und Beispiele

180 Seiten - 3. veränderte Auflage

Bestell-Nr. 0686-6

Notizen zur Betrachtung eines dichterischen Textes - zur Technik der Interpretation.

Beispiele:
Keller, Drei gerechte Kammacher

Novellen:
Büchner, Lenz - Storm, Schimmelreiter - Andres, Die Vermummten

Romane:
Mann, Königl. Hoheit - Frisch, Homo Faber - Andres, Knabe im Brunnen - Andersch, Sansibar.
Zur Theorie der Novelle - Zur Theorie des Romans - Gliederungsvorschläge - Themenvorschläge - Literaturverzeichnis

Epochen deutscher Literatur

Kurzgefaßte Abhandlung für den Deutschunterricht an weiterführenden Schulen.

Bestell.-Nr. 0480
Die deutsche Romantik I
Frühromantik

Bestell.-Nr. 0481
Realismus des 19. u. 20. Jahrhunderts

Bestell.-Nr. 0482
Impressionismus und Expressionismus

Bestell.-Nr. 0483
Sturm und Drang

Bestell.-Nr. 0484
Die deutsche Romantik II
Spätromantik

Bestell.-Nr. 0485
Die Deutsche Klassik

Bestell.-Nr. 0486
Von der Aufklärung zum Sturm und Drang
Literaturgeschichtliche Querschnitte

Bestell.-Nr. 0486
Deutsche Dichtung des Barock

Textanalyse 1
Umgang mit fiktionalen (literarischen) Texten

152 Seiten

Bestell-Nr. 0641-6

Aus dem Inhalt:
I. Der Begriff des fiktionalen Textes: Das "Ästhetische" der Literatur - Betrachtungsweisen von Literatur - Literarische Wertung.

II. Probleme der Interpretation: Der Prozeß des "Verstehens" - Methoden der Literaturinterpretation - Arbeitstechniken (Textwiedergabe / Texterarbeitung / Texterörterung).

III. Beispiele für Interpretationen: Epische Texte - Dramatische Texte - Gedichte.
IV. Massenliteratur.

Textanalyse 2
Umgang mit nichtfiktionalen (Gebrauchs-)Texten

144 Seiten

Bestell-Nr. 0642-4

Aus dem Inhalt:
I. Der Textbegriff.
II. Eine Typologie von Gebrauchstexten.
III. Bedingungen der Textanalyse.
IV. Methoden der Textanalyse: Textwiedergabe - Textbeschreibung - Texterörterung.
V. Beispiele für Textanalysen: Darstellende Texte (Sachtexte/Wissenschaftliche Texte) - Werbende Texte (Werbetexte/Politische Reden) - Gesetzestexte.

Gebrauchstextanalysen

-Methoden und Beispiele-

2. Auflage, 80 Seiten

Bestell-Nr. 0588-6

Herausgegeben von einem Arbeitskreis der Pädagogischen Akademie Zams.

Aus dem Inhalt:
I. Warum Textuntersuchung? Begriffserklärungen
II. Textanalyse - Textkritik
Vorgestellt werden nur drei Möglichkeiten einer Analyse:
a) Kommunikationstheoretischer Aspekt
b) stilistischer Aspekt
c) soziologischer Aspekt
III. Gebrauchstexte verschiedener Art, die auf o.a. Aspekte hin untersucht, bzw. kritisiert wurden.

Ordnung der Texte nach Themenkreisen:
Werbetexte - Ferienprospekte - Kinoprogramme - Diverse Jugendzeitschriften (Bravo u.a.) - Illustrierte und Frauenzeitschriften (Frau im Spiegel u.a.) - Schullesebücher: Politische Beiträge/Kulturelle Beiträge - Literarische Texte.

Robert Hippe
Mündliche und schriftliche Kommunikation

3. Aufl., 104 Seiten

Bestell-Nr. 0563-0

Sprache - Sprache und Verständigung
Grundbegriffe der Kommunikation - Die drei Dimensionen des Zeichens - Verschiedene Arten von Zeichen - Sprache und Norm
Die Rede - Formen der Rede - Rhetorische Figuren - Analyse vorgegebener Reden - Redeanleitungen, - analysen und - sammlungen - Der Weg zur eigenen Rede - Exkurs 1: Kodierungsebenen - Exkurs 2: Die Sprache der Werbung als appellative Rede
Das Referat - Verfahrensschritte - Beurteilungskriterien - Geeignete Stoffe zur Auswahl
Die Diskussion - Analyse einer vorgegebenen Diskussion - Hinweise auf Vorbereitung, Durchführung und Zielsetzung einer Diskussion - Der Diskussionsbeitrag im sogenannten "Fünfsatz" - Die Debatte - Bericht(erstattung), Kolloquium, Vorlesung
Das Protokoll - Die Arten des Protokolls - Kriterien für die Beurteilung von Stundenprotokollen - Analyse von Protokollen
Die Inhaltsangabe - Merksätze zur Abfassung - Verfahrensschritte - Analyse von Inhaltsangaben - Geeignete Stoffe zur Auswahl
Die Erörterung - Merksätze zur Abfassung - Analyse von Erörterungen - Geeignete Stoffe zur Auswahl.

Robert Hippe
Umgang mit Literatur

2. Auflage, 116 Seiten

Bestell-Nr. 0564-9

Definition von Literatur - Grundformen von Literatur - Merkmale der Lyrik - Merkmale der Epik - Merkmale der Dramatik - Formprobleme der Literatur - Aufbauprobleme in der Literatur - Arten der Interpretation - Was ist Interpretation - Literatur und Wirklichkeit u.v.a.

Robert Hippe
Sprach- und Textbetrachtung

132 Seiten

Bestell-Nr. 0569-X

Sprachbetrachtung

Historisch - Theorien über die Entstehung der Sprache(n) - Die indogermanische (idg.) Sprachfamilie - Die geschichtliche Entwicklung des Hochdeutschen - Lehn- und Fremdwörter - Sprachrätsel und Sprachspiele - Auswahl-Bibliographie.
Systematisch - Grammatik - die traditionelle Grammatik - Die generative Transformationsgrammatik - Die strukturelle Grammatik.

Textbetrachtung

Allgemeines - Definition von Text - Textsorten - Beispiele - Übungen - Auflösung der Rätsel.

Robert Hippe
Kurzgefaßte deutsche Grammatik und Zeichensetzung

9. Auflage, 72 Seiten

Bestell-Nr. 0515-0

Ein Abriß der deutschen Grammatik systematisch und fundamental dargeboten; beginnend mit den Wortarten, Betrachtung der Satzteile und Nebensätze bis zu den Satzzeichen, Beispiele durchsetzen das Ganze und Lösungen sollen Fehler auffinden helfen. Ein nützliches, in Tausenden von Exemplaren bewährtes, Übungs- und Nachhilfebuch.

Robert Hippe

Interpretationen zu 62 ausgewählten motivgleichen Gedichten

mit vollständigen Gedichtstexten
·6. Auflage, 120 Seiten

Bestell-Nr. 0587-7

Der Verfasser hat die wiedergegebenen Interpretationen und Auslegungen in langen Gesprächen und Diskussionen mit Oberprimanern erarbeitet. Die hier angebotenen Deutungsversuche erheben keinen Anspruch auf die einzig möglichen oder richtigen, sondern sollen Ausgangspunkte für Weiterentwicklungen und Erarbeitungen sein.
Aus dem Inhalt: Themen wie Frühling - Herbst - Abend und Nacht - Brunnen - Liebe - Tod - Dichtung u.v.a.

Robert Hippe

Interpretationen zu 50 modernen Gedichten

mit vollständigen Gedichtstexten
4. Auflage, 136 Seiten

Bestell-Nr. 0597-5

Der vorliegende Band verspricht Interpretationshilfe und Deutungsversuche - in unterschiedlicher Dichte und Ausführlichkeit - für 50 moderne Gedichte. Materialien und Auswahlbibliographie geben den Interessenten Hilfen für den Deutsch- und Literaturunterricht. Für den Lehrer eine echte Bereicherung zur Vorbereitung des Unterrichts.

Aus dem Inhalt: Lasker-Schüler - Hesse - Carossa - Benn - Britting - Brecht - Eich - Kaschnitz - Huchel - Kästner - Bachmann - Piontek - Celan - Härtling - Reinig - Grass - Enzensberger u.v.a.

Robert Hippe

Kurzgefaßte deutsche Rechtschreiblehre

64 Seiten

Bestell-Nr. 0545-2

Im ersten Teil dieses Buches findet man die wichtigsten Regeln der deutschen Rechtschreibung.

Der zweite Teil besteht aus 36 Übungstexten zu diesen Regeln zum Erlernen, Einprägen und Wiederholen. Die Lösungen am Schluß des Bandes dienen zur Kontrolle.

Interpretationen motivgleicher Gedichte in Themengruppen

mit vollständigen Gedichtstexten

Band 1:
Edgar Neis

Der Mond in der deutschen Lyrik

80 Seiten

Bestell-Nr. 0620-3

Arp - Bischoff - Borchert - Boretto - Britting - Brokkes - Bürger - Claudius - Däubler - Droste-Hülshoff - Geibel - Gleim - Goethe - Härtling - Heine - Holz - Klopstock - Krähenbühl - Krolow - Lange - Lehmann - Leonhard - Lichtenstein - zur Linde - Maurer - Morgenstern - Rasche - Rühmkorf - v. Stollberg - Trakl - v.d. Vring - Werfel - Wiens.

Band 2:
Edgar Neis

Politisch-soziale Zeitgedichte

2. Auflage, 112 Seiten

Bestell-Nr. 0621-1

Bachmann - Biermann - Brecht - Bürger - Celan - Dehmel - Domin - Enzensberger - Le Fort - Freiligrath - Gryphius - Hädecke - Hagelstange - Heine - Herwegh - Keller - Kerr - Logau - Marti - Platen - Sabias - Salis - Schenkendorf - Schiller - Schreiber - Schubart - Tucholsky - W.v.d. Vogelweide - Weitbrecht - Wildenbruch.

Band 3:
Edgar Neis

Der Krieg im deutschen Gedicht

2. Auflage, 112 Seiten

Bestell-Nr. 0622-X

Bender - Benn - Biermann - Binding - Brambach - Brecht - Claudius - Dehmel - Eich - Flex - Le Fort - Fried - Gleim - Goethe - Hakel - Heise - Heym - Hölderlin - Höllerer - Huchel - Jahn - Jean Paul - Kaschnitz - Kästner - Körner - Leib - Lersch - Leonhard - Liliencron - Logau - Menzel - Mosen- Mühsam - Münchhausen - Neumann - Nick - W. Paul - Sachs - Schiller - Schnurre - Schuhmann - Stramm - Toller - Toussel - Trakl - Tumler - Vogel - Wiechert.

Band 5:
Robert Hippe

Der Tod im deutschen Gedicht

2. Auflage, 80 Seiten

Bestell-Nr. 0624-6

Bächler - Benn - Brecht - Celan - Claudius - Droste-Hülshoff - Eich - Goethe - Gryphius - Hesse - Heym - Hofmannsthal - Hofmannswaldau - Höllerer - Kaltneker - Keller - Klopstock - C.F. Meyer - Mörike - Nick - Nietzsche - Novalis - Rilke - Schiller - Storm - Stramm - Trakl - Uhland.

Band 6:
Robert Hippe

Die Jahreszeiten im deutschen Gedicht

2. Auflage, 80 Seiten

Bestell-Nr. 0625-4

Benn - Britting - Claudius - George - Gerhardt - Goes - Goethe - Hagedorn - Heine - Hebbel - Hesse - Hofmannsthal - Hölderlin - Hölty - Huchel - Lenau - Logau - C.F. Meyer - Mörike - Rilke - Stadler - Storm - Trakl - Uhland - W.v.d. Vogelweide.

Band 7:
Robert Hippe

Deutsche politische Gedichte

2. Auflage 68 Seiten

Bestell-Nr. 0626-2

Baumann - Biermann - Becher - Below - Brecht - Delius - Enzensberger - Fried - Fürnberg - Gomringer - Grass - Heine - Hoffmann v. Fallersleben - Holzapfel - Karsunke - Kunert - Luckhardt - Morawietz - Pottier - Radin - v. Saar - Scherchen - Schneckenburger - U. Schmidt - Schuhmann- Vesper - Walraff - Weinheber - Wessel - Zimmerling.

Band 8:
Edgar Neis
Die Welt der Arbeit im deutschen Gedicht
100 Seiten
Bestell-Nr. 0627-0
Barthel - Bartock - Billinger - Brambach - Bröger - Chamisso - Dehmel - Dortu - Engelke - Freiligrath - Grisar - Heine - Herwegh - Jünger - Krille - Lersch - Lessen - Naumann - Petzold - Pfau - Piontek - Rilke - Schreiber - Seidel - Weerth - Weinheber - Wieprecht - Winckler - Zech.

Band 9:
Edgar Neis
Deutsche Tiergedichte
136 Seiten
Bestell-Nr. 0628-9
Barth - Bergengruen - Billinger - Boretto - Brecht - Britting - Busch - Claes - Dauthendey - Dehmel - Domin - Droste-Hülshoff - Eggebrecht - Eich - Freiligrath - Gellert - Gleim - Goethe - Grillparzer - Groth - Härtling - Hagedorn - Haushofer - Hausmann - Hebbel - Heine - Hesse - Huchel - F.G. Jünger - W. Lehmann - Liliencron - A.G. Kästner - Keller - Kolmar - Krolow - C.F. Meyer - Morgenstern - Pfeffel - Piontek - Rilke - Ringelnatz - Eugen Roth - N. Sachs - Schaefer - Trakl - Vring - Weinheber - Wiedner - Zachariae - Zuckmayer.

Interpretationen zeitgenössischer deutscher Kurzgeschichten

Karl Brinkmann
4. Auflage, 80 Seiten
Bestell-Nr. 0602-5
Band 3: Aichinger, Plakat - Alverdes, Die dritte Kerze - Böll, Damals in Odessa / Mann mit den Messern / Lohengrins Tod / Wanderer kommst du nach Spa ... - Borchert, Die lange, lange Straße lang / Generation ohne Abschied / Lesebuchgeschichten - Eisenreich, Ein Augenblick der Liebe - Gaiser, Brand im Weinberg / Du sollst nicht stehlen - Langgässer, Die zweite Dido / Glück haben - Lenz, Jäger des Spottes - Schnurre, Die Tat - Spang, Seine große Chance - Spervogel, Hechtkönig - Wiechert, Hauptmann v. Kapernaum / Hirtenknabe.

Martin Pfeifer
4. Auflage, 84 Seiten
Bestell-Nr. 0603-3
Band 4: Aichinger, Hauslehrer / Nichts und das Boot - Bender, Die Wölfe kommen zurück - Böll, Über die Brücke / Es wird etwas geschehen - Brecht, Mantel des Ketzers - Britting, Brudermord im Altwasser - Eich, Züge im Nebel - Ernst, Das zweite Gesicht - Fallada, Lieber Hoppepoppel - Franck, Taliter - Hesse, Beichtvater / Bettler - Johnson, Jonas zum Beispiel - Kusenberg, Eine ernste Geschichte - Langgässer, Saisonbeginn - Le Fort, Frau des Pilatus - Meckauer, Bergschmiede - Pohl, Yannis letzter Schwur - Rinser, David - Schäfer, Hirtenknabe - Schallück, Der Tod hat Verspätung - v. Scholz, Das Inwendige - Walser, Ein schöner Sieg - Weisenborn, Aussage.

Edgar Neis
3. Auflage, 56 Seiten
Bestell-Nr. 0604-1
Band 5: Borges, Das geheime Wunder - Calderón, Invasion - Callaghan, ein sauberes Hemd - Campos, Solidarität - Carson, Ein Mädchen aus Barcelona - Hémingway, Die Killer - Huxley, Schminke - Joyce, Eveline - Katajew, Die Messer - Mansfield, Für sechs Pence Erziehung - Manzoni, Die Repräsentiertasse - Olescha, Aldebaran - Saroyan, Vom Onkel des Barbiers, dem von einem Zirkustiger der Kopf abgebissen wurde - Sartre, Die Mauer - Timmermans, Die Maske.

Karl Brinkmann
3. Auflage, 80 Seiten
Bestell-Nr. 0605-X
Band 6: Andersch, Sehnsucht nach Sansibar - Böll, Wie in schlechten Romanen /Undines gewaltiger Vater - Gaiser, Das Wespennest / Fünfunddreißig Meter Tüll / Der Motorradunfall - Grass, Der Ritterkreuzträger - Hildesheimer, Nächtliche Anrufe - Holthaus, Geschichten aus der Zachurei / Allgemeines / Wo liegt Zachzarch / Das Wirtshaus Zum Vollautomatischen Bären - Lenz, Masurische Geschichte / Der Leseteufel / So schön war mein Markt / Der große Wildenberg - Kramp, Was der Mensch wert ist - Reding, Die Bulldozer kamen / Während des Films / Jerry lacht in Harlem / Fahrerflucht - Schnurre, Wovon der Mensch lebt - Walser, Die Artikel, die ich vertrete.

Rudolf Kanzler
64 Seiten
Bestell-Nr. 0606-8
Band 7: Aichinger, Die Silbermünze - Altendorf, Der Knecht Persenning - Andersch, Ein Auftrag für Lord Glouster - Bauer, Hole deinen Bruder an den Tisch - Britting, Der Gang durchs Gewitter - Dörfler, Der Kriegsblinde - Hesse, Das Nachtpfauenauge - Hildesheimer, Der Urlaub - Kaschnitz, Gespenster - Lenz, Die Nacht im Hotel - Th. Mann, Das Eisenbahnunglück - Noack, Die Wand - Ohrtmann, Der Sched ist wieder da - Rinser, Der fremde Knabe - Schallück, Unser Eduard - Wiechert, Mein erster Adler.

Edgar Neis
80 Seiten
Bestell-Nr. 0607-6
Band 8: Andersch, Grausiges Erlebnis - Bachmann, Alles - Bender, In der Gondel / Fondue - Bichsel, Tochter - Bobrowski, Epitaph für Pinnau - Bolliger, Verwundbare Kindheit - Brecht, Wiedersehen - Eisenreich, Der Weg hinaus - Fritz, Schweigen vieler Jahre - Fühmann, Judenauto / Schöpfung - Gaiser, Gazelle grün - Heissenbüttel, Wassermaler - Kaschnitz, Das rote Netz - Kunert, Fahrt mit der S-Bahn - Nossack, Das Mal - Reinig, Drei Schiffe - A. Schmidt, Resümee - Walser, Tänzer / Knabe - Wohmann, Ich Sperber / Der Schwan / Knurrhahn-Stil.

Wolfgang Kopplin

Kontrapunkte

160 Seiten

Bestell-Nr. 0547-9

Kontroversinterpretationen zur modernen deutschsprachigen Kurzprosa.
Prosatexte, zwischen 1963 und 1975 entstanden, dienen dem Autor dazu, die dialektische Methode des Pro und Kontra als Interpretationsansatz anzuwenden. Dem Primärtext schließen sich jeweils die Kontroversinterpretationen an. Ein Buch, welches Anregungen zum Verstehen und zur Entschlüsselung von Texten gibt.
Inhalt: Texte von Artmann - Bichsel - Dellin - Gerz - Gregor - Kunert - Reinig - Schnurre u.a. werden in einer Pro- und Kontra-Interpretation vorgestellt.

Albert Lehmann

Erörterungen

Gliederungen und Materialien
Methoden und Beispiele

5. verb. Auflage, 184 Seiten

Bestell-Nr. 0692-0

Die vorliegende Sammlung von 58 Gliederungen, die durch Erläuterungen - vornehmlich Beispiele - zu den einzelnen Gliederungspunkten erweitert sind, sollen die Wiederholung des Jahresstoffes erleichtern.
Stoffkreisthemen: Natur - Tourismus - Technik - Freizeit - Arbeit/Beruf - Konflikte zwischen den Generationen - Drogen - Kinder und Familie - Die Stellung der Frau in der Gesellschaft - Sport - Massenmedien und viele Einzelthemen.

Für Lehrer ein unentbehrliches Nachschlage- und Vorbereitungsbuch.

Birgit Lermen /
Matthias Loewen

Trickfilm als didaktische Aufgabe

Band 1: Sekundarstufe I
232 Seiten - Fotos
Bestell-Nr. 0618-1

Band 2: Sekundarstufe II
Bestell-Nr. 0619-X
216 Seiten - Fotos

Die Untersuchung über den Trickfilm als didaktische Aufgabe trägt der unterschiedlichen Ausgangslage in den beiden Stufen des Sekundarunterrichts Rechnung durch die Aufteilung in zwei Bände.

Band 1 stellt sich gezielt auf die Bedürfnisse und Erwartungen der Sekundarstufe I ein. Aus der Eigenart des Mediums Trickfilm wird ein Analyse-Instrumentarium entwickelt, dessen Brauchbarkeit an 13 Filmen unterschiedlicher Herkunft erprobt wird. Auf der damit geschaffenen Grundlage wird ein didaktisch-methodisches Konzept erstellt.

Band 2 orientiert sich an den Bedürfnissen der Sekundarstufe II. Eine semiotische Einführung erweitert und vertieft die in Band I erstellte Grundlage. Im Mittelpunkt stehen wieder die Einzelanalysen, deren Zahl des größeren Umfangs wegen auf zwölf reduziert ist.
Wie in Band I soll beides - Analysen und Einführung - als Basis dienen für didaktische Fragestellungen und Entscheidungen.

Die Auswahl der Filme wurde in beiden Bänden bestimmt durch :

a) das Ausleihangebot der Stadt- und Kreisbildstellen in der Bundesrepublik,
b) die ästhetische Qualität,
c) die thematische Relevanz,
d) die didaktische Potenz.

Martin H. Ludwig

Das Referat

Kurze Anleitung zu einer Erarbeitung und Abfassung für Schüler und Studenten.

2. Auflage

Bestell-Nr. 0646-7

Planen und Sammeln - Bibliographieren - Schreiben und Zitieren - Lesen und Notieren - Auswerten und Gliedern - Der Text - Der Vortrag.

Martin H. Ludwig

Praktische Rhetorik

Reden - Argumentieren - Erfolgreich verhandeln

2. Auflage

Grafiken - 136 Seiten

Bestell.-Nr. 0688-2

Praktische Rhetorik ist ein Übungsfeld für jedermann! Ob bei der Sammlung von Gedanken, bei der Konzentration der Argumente, bei der Gestaltung einer Rede, in der Rücksichtnahme auf den Verhandlungspartner, bei der Vorsicht vor „gefährlichen" Redewendungen.

Aus dem Inhalt: Formale Rhetorik - Dekorative Rhetorik - Verwendung von Argumenten in der Verhandlung - Psychologie in der Verhandlung - Einzelne Techniken zur Durchsetzung von Anliegen - Positive Verhandlungstechniken - Wie wehre ich mich gegen ...? - Typische Verhandlungssituation - Wann sind welche Techniken angebracht?

Martin H. Ludwig/
Eckhard Ostertag

Lernen - Qual oder Zufall?

Vademecum der Lernarbeit
160 Seiten

Bestell-Nr. 063-4

Dieses Buch ist für solche Menschen geschrieben, die aus eigenem Antrieb lernen möchten, die eine Hilfe und Anleitung für ein leichteres und effektiveres Lernen gebrauchen können.

Aus dem Inhalt: – Warum Lernen lernen? – Wer lernt was warum? – Unter welchen Voraussetzungen lernen wir? – Wie lernen? – Wie lange lernen? – Wieviel lernen? – Wann lernen? – Wie oft lernen? – Womit lernen? – Wo lernen? – Lernen - ein Abenteuer mit sich und mit anderen – Wie das Gelernte festigen? Das eigene Mehrkanalprogramm – Lernen macht Spaß! – Checklisten und Übersichten

Methoden und Beispiele der Kurzgeschichten-Interpretation

4. Auflage, 64 Seiten

Bestell-Nr. 0691-2

Herausgegeben und erstellt von einem Arbeitskreis der Pädagog. Akademie Zams.

Methoden: Werkimmanente, existenzialistische, grammatische, stilistische, strukturelle, kommunikative, soziologische, geistesgeschichtliche, historisch/biographisch/symbolistische Methode.

Beispiele: Eisenreich - Cortázar - Dürrenmatt - Brecht - Horvath - Bichsel - Kaschnitz - Lenz - Weißenborn - Rinser - Borchert - Nöstlinger - Wölfel - Langgässer.

An Beispielen ausgewählter Kurzgeschichten werden die einzelnen Methoden der Interpretation demonstriert und erläutert. Information und Nachschlagewerk für den Unterricht in den Sekundarstufen.

Edgar Neis

Das neue große Aufsatzbuch

-Methoden und Beispiele des Aufsatzunterrichts für die Sekundarstufen I und II -

212 Seiten - 5. erweiterte Auflage

Bestell-Nr. 0636-X

Inhalt:
Zur Technik des Aufsatzschreibens - Stoffsammlung und Disposition - Wie schreibe ich eine Charakteristik? - Wie schreibe ich eine Erörterung? - Der dialektische Besinnungsaufsatz - Themen und Aufsätze zu Problemen unserer Zeit - Aufsätze zur Literatur - Wege der Texterschließung - Interpretationshinweise - Fachbegriffe der Aufsatzlehre (Lexikon der Terminologien) - Vorschläge für Aufsatzthemen - Themenkatalog für das Ende des 20. Jahrhunderts - Literaturnachweis.
Dieses Buch richtet sich an Lehrer und Schüler von Haupt-, Real- und Oberschulen (Gymnasien).
Breit einsetzbar in Grund- und Leistungskursen.

Edgar Neis

Moderne deutsche Diktatstoffe

-Sekundarstufe I-

5.-10. Jahrgangstufe

2. Auflage, 118 Seiten

Bestell-Nr. 0693-9

Beide Bände sollen der Einübung und Wiederholung der Rechtschreibung und Zeichensetzung dienen. Jeder Band gliedert sich in zwei Teile, einen systematischen Teil, der zielbewußter Einübung von Wörtern, deren Schreibung Schwierigkeiten bereitet, dient und einen allgemeinen Teil. Dieser bringt zusammenhängende Diktatstoffe aus dem deutschen Schrifttum. Die Namen der Verfasser bürgen für die Stilhöhe der einzelnen Texte.

Edgar Neis

Deutsche Diktatstoffe -Unterstufe-

3. bis 7. Jahrgangsstufe
6. verbesserte Auflage, 64 Seiten

Bestell-Nr. 0524-X

Edgar Neis

Interpretationen von 66 Balladen, Erzählgedichten und Moritaten

Analysen und Kommentare
6. Auflage, 176 Seiten

Bestell-Nr. 0590-8

Balladen des 18., 19. und 20. Jahrhunderts werden in diesem für Lehrer, Studenten und Schüler bestimmten Band ausführlich interpretiert und durch Erklärungen Verständnis für diese Art Dichtung geweckt. Eine unentbehrliche Hilfe für den Deutsch- und Literaturunterricht.

Aus dem Inhalt: Bürger - Herder - Goethe - Schiller - Uhland - Eichendorff - Heine - Droste-Hülshoff- Miegel - Brecht - Huchel - Celan - Chr. Reinig - Kunert u.v.a.

Edgar Neis

Interpretationen motivgleicher Werke der Weltliteratur

2. Auflage, je 144 Seiten

Dramatische, epische und lyrische Gestaltung der bekanntesten Stoffe der Weltliteratur werden mit knappen Inhaltsangaben vorgestellt und miteinander vergleichend interpretiert.

Band 1:
Mythische Gestalten **Bestell-Nr. 0548-7**

Alkestis - Antigone - Die Atriden (Elektra / Orest) - Iphigenie - Medea - Phädra

Band 2:
Historische Gestalten **Bestell-Nr. 0549-5**

Julius Caesar - Coriolan - Der arme Heinrich - Die Nibelungen - Romeo und Julia - Jeanne d'Arc / Die Jungfrau v. Orleans - Johann Joachim Winckelmann

Edgar Neis

Verbessere Deinen Stil

3. Auflage, 120 Seiten

Bestell-Nr. 0539-8

Der Autor versucht im vorliegenden Band vom grundlegenden Schema über Wortwahl und Satzgestaltung den Interessierten zu einer guten Ausdrucksform zu führen. Stil ist erlernbar, deshalb wurden im 2. Teil viele künstlerisch gestaltete, stilvolle Beispiele wiedergegeben.

Edgar Neis

Wie interpretiere ich ein Drama?

Methoden und Beispiele
4. Auflage - 224 Seiten

Bestell-Nr. 0633-8

Erstbegegnungen mit dramatischen Formen - Methode des Interpretierens - Wege zur Erschließung und Analyse eines Dramas.

Arbeit im Detail: Titel, Personen, Handlung, Aufbau, Sprache, Realisation, Bühnengestaltung, Regieanweisungen, sozio-kulturelle und historische Einordnung usw.

Modellinterpretationen - Zur Theorie des Dramas - Literaturverzeichnis.

Interessenten: Lehrer und Schüler aller Schulgattungen.

Edgar Neis

Wie interpretiere ich Gedichte und Kurzgeschichten?

15. Auflage, 208 Seiten

Bestell-Nr. 0530-3

Ein "Grundkurs", die Kunst der Interpretation zu erlernen und zu verstehen. Die tabellarischen Leitlinien führen den Benutzer des Buches zum Verständnis für diese Gattung der Poesie. Anhand von zahlreichen durchgeführten Interpretationen ist dieses Buch ein unentbehrliches Hilfsmittel für Schüler und Lehrer.

Eckhard Ostertag

Berufswahl - leichtgemacht

Der Fahrplan für eine systematische Berufsentscheidung
Grafiken – 112 Seiten

Bestell-Nr. 054-5

Was soll ich werden? – Welcher Beruf hat Zukunft? – Was kommt nach der Schule? – Wer hilft mir bei der Berufswahl? – Was kann ich tun, um nicht arbeitslos zu werden? – Wie bewerbe ich mich richtig? – Wie erhalte ich eine Lehrstelle? – Wie komme ich an einen Studienplatz?

Viele Fragen, Fragen, die heute oft nicht leicht zu beantworten sind. Existenzielle Fragen aber für alle jungen Menschen, die in einer Zeit des wirtschaftlichen und technologischen Umbruchs sich für einen Beruf entscheiden müssen.

Das vorliegende Buch will für alle Berufssuchende und deren Berater eine praktische Lebenshilfe geben. Es wird ein Fahrplan vorgelegt, der die vielfältigen Stationen des Berufswahlverlaufs übersichtlich und systematisch aufzeigt.

Reiner Poppe

Aufsätze im Deutschunterricht

für das 5.–10. Schuljahr

Themen - Techniken - Beispiele

120 Seiten

Bestell-Nr. 0464-2

Das Aufsatzbuch ist für Schüler und Schülerinnen der Sekundarstufe I verfaßt. Es setzt Materialien und Techniken, Beispiele und vermittelnde Information ein, um den Schüler zum Verfassen eigener Texte **methodisch** anzuleiten. Die im Kapitel 4 vorgetragenen Beispiele erfassen in **kommunikativen Anwendungssituationen** die wichtigsten Textsorten:
Erzählbericht - Bericht - Beschreibung - Erörterung - (dialektischer) Besinnungsaufsatz - Interpretation. Der Schwerpunkt liegt dabei auf **alltagsrelevanten, pragmatischen Varianten** dieser Grundformen (Brief, Klappentext, Bedienungsanleitung, Sachtext, Inhaltsskizze, Leserbrief etc.)

Gliederung: Aufsatzformen nach Jahrgangsstufen geordnet/"richtlinienkonform" - Themen zum Üben - Techniken-Hilfsmittel, Beispiele (exemplarisch) - Glossar - Literaturhinweise.

Klaus Sczyrba

50 Kurzdiktate

für das 4. - 7. Schuljahr
mit 250 Übungsmöglichkeiten

116 Seiten + Lösungsheft

Bestell.-Nr. 0477-4

Der bekannte Autor Klaus Sczyrba bringt wieder eigene Diktate für rechtschreibschwache Schüler und Schülerinnen zum häuslichen Arbeiten.

Für die Hand des Lehrers als Kurztest-Übungen im Unterricht bestens geeignet. Der Autor hat selbst im Unterricht erfolgreich damit gearbeitet.

Klaus Sczyrba

Komm, wir schreiben!

Rechtschreibübungsheft für das 2. und 3. Schuljahr

Format: DIN A4 - 40 farbige Illustrationen
3. Auflage - 36 Seiten

Bestell-Nr. 0614-9

Freude ist der Motor zum Erfolg. Nach diesem Grundsatz will der Autor den Kindern durch die lustbetonte, sehr abwechslungsreiche Art dieses Heftes den Weg zu Rechtschreibsicherung leicht machen. In frohem Tun werden fast unauffällig fundamentale Kenntnisse der Rechtschreibung angeeignet, ohne daß die Kinder dabei den Eindruck des Übens haben.

Klaus Sczyrba

Komm, wir schreiben!

Rechtschreibübungsheft für das 3. und 4. Schuljahr

Format: DIN A4 - 60 farbige Illustrationen
2. Auflage – 60 Seiten

Bestell-Nr. 0616-5

Alle Übungen für die Kinder des 3. und 4. Schuljahres sind so angelegt, daß sie mit Freude durchgeführt werden. Sie enthalten kurzweilige Aufgaben, Reime und Rätsel. Die Richtigkeit der Lösungen kann leicht selbst überprüft werden.
Üben ist für Kinder oft freudlos und langweilig. Bei diesem Heft spüren sie aber nicht, daß "nur geübt" wird. In froher, zielstrebiger Arbeit wird fast unbewußt die Rechtschreibfertigkeit gesteigert.

Klaus Sczyrba

Komm, wir schreiben!

Rechtschreibübungsheft für das 4. und 5. Schuljahr

ca. 60 Seiten – Illustrationen

Bestell-Nr. 0479-0

Nachdem die beiden vorangegangenen Übungshefte 'Komm, wir schreiben!', einen so guten Anklang gefunden haben, folgt nun eins für die 4. und 5. Klasse. Es überbrückt den oft schwierigen Übergang von der Grundschule zu den weiterführenden Schulen im Bereich des Schreibens. Abwechslungsreiche, kurzweilige Übungen, die der Altersstufe angepaßt sind, lassen die Rechtschreibklippen überwinden und führen zur Schreibsicherheit.
Lösungen zur Selbstkontrolle sind angefügt.
Breit einsetzbar im Unterricht.

Klaus Sczyrba

Lebensnahe Diktate

für die Grundschule mit angeliederten Übungsmöglichkeiten für das **2. bis 4 Schuljahr**
4. Auflage - 152 Seiten + Lösungsheft

Bestell-Nr. 0610-6

Dieses Übungsbuch ist aus der Erfahrung langjähriger Schularbeit entstanden und soll den Kindern vom 2. bis 4. Schuljahr helfen, ihre Rechtschreibleistungen zu verbessern.
Dazu werden 150 Diktate geboten, die in Ausmaß und Schwierigkeitsgrad dem Alter der Kinder entsprechen.
Zur vertiefenden Behandlung aller Rechtschreibbereiche sind jedem Diktat eine Reihe Übungsmöglichkeiten beigefügt.

Klaus Sczyrba

Wege zum guten Aufsatz für das 5.-10. Schuljahr

176 Seiten

Bestell-Nr. 0472-3

Dieses ganz auf die Schulpraxis bezogene Büchlein bietet Hilfen und Anregungen für das Schreiben von Nacherzählungen, Erlebnisaufsätzen, Phantasiegeschichten, Beschreibungen, Schilderungen und Berichten. Außerdem enthält es Übungen zur Grammatik, zur Rechtschreibung und Ausdrucksverbesserung.

Ein weiteres Buch von unserem Erfolgsautor Klaus Sczyrba.

Klaus Sczyrba

Wege zum guten Aufsatz für das 3. und 4. Schuljahr

ca. 144 Seiten – Illustrationen – Format DIN A 5

Bestell-Nr. 0690-4

Da bereits in der Grundschule die Fundamente für die Aufsatzerziehung gelegt werden, kommt diesem Buch eine besondere Bedeutung zu. Es will helfen, die bei vielen Kindern bestehende Abneigung gegen das Schreiben von Aufsätzen zu überwinden und zu einem guten schriftlichen Ausdruck hinzuführen.

Klaus Sczyrba

Neue lebensnahe Diktate

mit zahlreichen Übungsmöglichkeiten für das **2. bis 10. Schuljahr**

2. Auflage - 312 Seiten

Bestell-Nr. 0611-4

Wie in den früheren Ausgaben diese Buches werden hier wieder über 200 Diktate geboten, die in Ausmaß und Schwierigkeitsgrad dem Alter des Kindes entsprechen.

Klaus Sczyrba

Lebensnahe Dikate

mit zahlreichen Übungsmöglicheiten für das **5. bis 7. Schuljahr** + Lösungsheft

3. Auflage - 240 Seiten

Bestell-Nr. 0613-0

In diesem Übungsbuch werden 150 Diktate geboten, die Kindern des 5. bis 7. Schuljahres helfen sollen, ihre Rechtschreibkenntnisse zu verbessern.
Zur vertiefenden Behandlung aller Rechtschreibbereiche ist jedem Diktat eine Reihe Übungsmöglichkeiten beigefügt.

Klaus Sczyrba

Lebensnahe Diktate

100 Diktattexte mit 600 Lösungsmöglichkeiten für das **8. bis 10. Schuljahr**

2. Auflage
210 Seiten + Lösungsheft

Bestell-Nr. 0471-5

Das Buch will mit seinen Diktaten und Übungen zum richtigen Gebrauch unserer Sprache beitragen. Die Diktate sind nicht nur nach Rechtschreibschwierigkeiten oder zur Anwendung einer Regel konstruiert, sondern sind auf die Bedürfnisse von Zeit und Umwelt abgestimmt.
Übungsmöglichkeiten mit Lösungen machen dieses Buch für häusliches Arbeiten und für den Unterrichtsgebrauch gleichermaßen unentbehrlich.

Klaus Sczyrba

Lebensnahe Diktate

mit zahlreichen Übungsmöglichkeiten für das **5. bis 10. Schuljahr**

2. Auflage - 432 Seiten + Lösungsheft

Bestell-Nr. 0612-2

Auch dieses Übungsbuch soll den Kindern vom 5. bis 10. Schuljahr helfen, ihre Rechtschreibleistungen zu verbessern.
Die hier angebotenen 250 Diktate sind in Ausmaß und Schwierigkeitsgrad dem Alter entsprechend ausgewählt worden. Jedem Diktat ist eine Reihe Übungsmöglichkeiten beigefügt, ebenso wurde der entsprechende Wortschatz eingebracht.
Tabellen der Rechtschreibschwierigkeiten in den einzelnen Schuljahren runden dieses Übungsbuch ab.

Klaus Sczyrba

Lebensnahe Grammatik für die Grundschule

für das 2. bis 4. Schuljahr

140 Seiten

Bestell-Nr. 0673-4

Die alltäglichen Begebenheiten zweier Kinder sind lebendige Einstiege in alle Bereiche der Grundschulgrammatik. In übersichtlicher Weise werden alle notwendigen Kenntnisse zur Beherrschung unserer Sprache kindgemäß vermittelt, die in den angegliederten Übungen angewandt werden können. So ist dieses Büchlein sehr hilfreich für den Unterricht in der Schule und die häusliche Einzelarbeit.

Klaus Sczyrba

Lebensnahe Sprachlehre in der Grundschule

50 Unterrichtsentwürfe für die Einführung aller wesentlichen Gebiete.

112 Seiten, Illustrationen

Bestell-Nr. 0615-7

Neubearbeitete 2. Auflage

Diese Unterrichtsentwürfe haben sich als eine vielbegehrte Hilfe erwiesen und ermöglichen, daß der sonst so trockene Stoff der Sprachlehre lebensnah, auf lustbetonte Weise eingeführt wird.
Jeder Entwurf ist eine Unterrichtseinheit, die sich über einen längeren Zeitraum erstreckt.

Klaus Sczyrba

Lebensnahe Grammatik für die Sekundarstufe I

5.-10 Klasse
Mit 100 Übungen + Lösungsheft

2. Auflage – 128 Seiten

Bestell-Nr. 0474-X

Wesentliche Ursache für die Fehlerhäufigkeit in der Rechtschreibung ist in der mangelnden grammatischen Erkenntnis zu suchen.
Das Buch will hier Abhilfe schaffen. In übersichtlicher Anordnung bietet es in den für das Leben wichtigen Bereichen der Grammatik viele Beispiele und Übungsmöglichkeiten.

Klaus Sczyrba

Rechtschreib-Olympiade

Übungen mit Lösungen für die 5.-7. Klasse

136 Seiten + Lösungsheft

Bestell-Nr. 0475-8

Unser Erfolgsautor Klaus Sczyrba bringt mit diesem Band ein lebensnahes Rechtschreibbuch auf den Markt, welches durch seinen Wettbewerbcharakter sicher viele Übende ansprechen wird.
Kurze Übungstexte zu den Schwierigkeiten der deutschen Sprache werden allen Benutzern Hilfe geben und einprägsam zukünftige Fehler vermeiden helfen.

Englisch

Peter Luther/Jürgen Meyer

Englische Diktatstoffe

Unter- und Mittelstufe Sekundarstufe I

64 Seiten

Bestell.-Nr. 0647-5

Beginnend mit einfachsten Texten und Erklärungen wird hier der Benutzer der Bücher mit der englischen Grammatik, Wortlehre und Rechtschreibung vertraut gemacht. Die Texte geben Hinweise auf die Vorbereitung zur Nacherzählung und sind gestaffelt nach Schwierigkeiten und Themengruppen. Worterklärungen und Übungen zur Selbstkontrolle runden den Band ab.

Jürgen Meyer/Gisela Schulz

Englische Synonyme als Fehlerquellen

Übungssätze mit Lösungen

116 Seiten

Bestell.-Nr. 0596-7

Dieses Übungsbuch will helfen, die im Bereich der Synonyme immer wieder auftretenden Fehler zu vermeiden.
Die Aufstellung ruht auf Beobachtungen, die die Verfasser im Unterricht gemacht haben und erhebt keinen Anspruch auf Vollständigkeit. Die Übungssätze wurden so formuliert, daß die wichtigen Bedeutungsnuancen so klar wie möglich hervortreten. Die zur Kontrolle beigefügten Lösungen geben an, ob und wo Fehler gemacht worden sind.

Jürgen Meyer

Deutsch-englische/ englisch-deutsche Übersetzungsübungen

9.–13. Klasse

2. Auflage - 104 Seiten

Bestell.-Nr. 0594-0

Texte für Fortgeschrittene, die ihre Kenntnisse in Wortanwendung und Grammatik erweitern und überprüfen wollen.
Zu den zeitgemäßen deutschen Texten wurden die Vokabeln und deren Anwendungsmöglichkeiten gegeben und erklärt.
Am Schluß des Bandes die englischen Texte zur Kontrolle.
Breit einsetzbar in den Sekundarstufen, Grund- und Leistungskursen.

Jürgen Meyer/Ulrich Stau

Englisch 5./6. Klasse

Übungen mit Lösungen

96 Seiten - Viele Zeichnungen

Bestell.-Nr. 0687-4

Der gesammte Stoff Englisch der 5. und 6. Klasse wird in diesem Nachhilfebuch wiederholt. Die Benutzer können anhand von Übungen ihr Wissen testen und im Lösungsteil nachschlagen.

Der Stoff wurde den einschlägigen Lehrwerken an den Schulen der verschiedenen Bundesländer angeglichen um eine Benutzung nicht von den verschiedenen Kriterien der Bundesländer abhängig zu machen.

Den Schülerinnen und Schülern wird hier echte 'Lernhilfe' geboten!

Jürgen Meyer

Übungstexte zur englischen Grammatik

9. – 13. Klasse

3. Auflage - 96 Seiten

Bestell.-Nr. 0567-3

Der Band enthält Übungsmaterial zu aktuellen Fragen, u.a. Sachtexte zu Personen, wissenschaftlichen Entdeckungen und zeitgeschichtlichen Ereignissen, die über das heutige Großbritannien und die USA informieren. Die Texte sind mit ausführlichen Hinweisen zu den Vokabeln sowie Übungen zur Syntax und zum Wortschatz versehen. Diskussionsvorschläge und ein sorgfältig aufbereiteter Schlüssel bieten zusätzliche Unterrichtshilfen. Das Buch ist sowohl für Gruppenarbeit als auch für das Selbststudium geeignet.

Edgar Neis

Wie schreibe ich gute englische Nacherzählungen?

8. Auflage - 84 Seiten

Bestell-Nr. 0526-6

Langjährige, im gymnasialen Englischunterricht auf der Mittel- und Oberstufe, sowie bei zahlreichen Abiturprüfungen gewonnene Erfahrungen haben zur Herausgabe dieses Buches geführt. Texterfassung und -darstellung, Wortschatzerweiterung, Regeln der Stillehre, Erzählstil, idiomatische Redewendungen, Homophone, unregelmäßige Verben, Comment u.v.a.
Musterbeispiele als Vorlagen für Lernende.

John A. S. Phillips

Englisch für Frustrierte

Ratgeber für Muß-Studenten und Schüler der englischen Sprache

2. Auflage – 116 Seiten – Illustriert

Bestell-Nr. 0478-2

Dieses Buch ist für Leute geschrieben, denen vielleicht doch noch zu helfen ist, ihre verlorengegangene Freude an der englischen Sprache zurückzugewinnen. John A. S. Phillips, Lektor für Englisch an der Universität Bayreuth, Verfasser mehrerer humorvoller und skurriler Bücher, hat kein Lehrbuch im üblichen Sinne geschrieben. Es ist aber auch kein Amüsierbuch allein; dazu ist es dem Verfasser mit den Menschen, die seine Sprache lernen wollen, viel zu ernst.
Der Leser lernt viel, ohne belehrt zu werden. Was er bietet, will und kann kein systematisches Lehrbuch ersetzen, wohl aber „background" schaffen, bei Kennern der Sprache manches Tüpfelchen auf das „i" setzen und, wie erwähnt (– so auch der Titel –), Frustrierte wieder mobilisieren.
Enjoy it ...

Französisch

Klaus Bahners

Französischunterricht in der Sekundarstufe II

(Kollegstufe)

Texte - Analysen - Methoden

104 Seiten

Bestell-Nr. 0565-7

Dieses Buch wendet sich an alle, die jetzt oder künftig auf der neugestalteten Oberstufe (Sekundarstufe II) Französischunterricht erteilen; vor allem an jüngere Kollegen und Referendare, aber auch an Studenten, die sich auf den Übergang vom wissenschaftlichen Studium zur pädagogischen Umsetzung vorbereiten wollen.

Paul Kämpchen

Französische Texte zur Vorbereitung auf die Reifeprüfung

80 Seiten

Bestell-Nr. 0522-3

Übungen für Grammatik, des Stils und eine der Prüfungsarten - die Nacherzählung - sollen hier dem Anwärter zur Prüfung nahegebracht werden. Kurze und lange Nacherzählungstexte mit Worterklärungen stehen hier als Übungstexte zur Verfügung.
Der Schüler oder Student kann anhand dieser Kurzgeschichten seine sprachliche Beweglichkeit unter Beweis stellen. Kleine und leichte Stücke, die sich nur für Anfänger und wenig Fortgeschrittene eignen, wurden weggelassen.

Alfred Möslein/
Monique Sickermann-Bernard

Textes d'étude

64 Seiten

Bestell-Nr. 0523-1

25 erzählende Texte aus der neueren französischen Literatur als Vorlagen für Nacherzählungen und Textaufgaben.
Durch unterschiedliche Längen und Schwierigkeitsgrade, sowie durch breitgefächerte Thematik eignen sich diese Texte als Lektüre und Ausgangspunkt für Diskussionen im Unterricht. In den "Suggestions" findet man einige Anregungen für Übungen, die sich an die reine Textbehandlung anschließen können. Die Worterklärungen sollen das Verständnis der Texte erleichtern.

Werner Reinhard

Französische Diktatstoffe Unter- und Mittelstufe

1./2. Unterrichtsjahr, sowie 3./4. Unterrichtsjahr

4. Auflage - 96 Seiten

Bestell-Nr. 0532-0

Die nach dem Schwierigkeitsgrad geordneten Texte sind überwiegend Erzählungen und Berichte von Begebenheiten des täglichen Lebens, wobei unbekannte Vokabeln beigegeben sind. Mit den Texten lernt der Schüler die gehobene Umgangssprache, d.h. Vokabular und Wendungen, die er später für eigene Textproduktionen verwenden kann. Den Texten vorangestellt sind Bemerkungen zur Rechtschreibung, die nützliche Rechtschreibregeln enthalten.

Werner Reinhard

Kurze moderne Übungstexte zur französischen Präposition

120 Seiten

Bestell-Nr. 0568-1

In einem lexikalischen Teil gibt das Übungsbuch zunächst einen Überblick über die Anwendung der wichtigsten Präpositionen. Auch die Präposition als Bindeglied zwischen Verb und Objekt bzw. Infinitiv (vor allem à und de) wird berücksichtigt. Listen erleichtern dabei systematisches Lernen.
Im anschließenden Übungsteil kann der Benutzer seine Kenntnisse überprüfen. Vorherrschende Methode ist die Einsatzübung. Mit dem Lösungsteil eignet sich das Buch gut zum Selbststudium. Einsetzbar für den Unterricht in den Sekundarstufen.

Werner Reinhard

Übungstexte zur französischen Grammatik

9. - 13. Klasse

2. Auflage - 128 Seiten

Bestell-Nr. 0543-6

"Übungstexte zur französischen Grammatik" wendet sich an Lernende, die bereits einige grammatische Kenntnisse haben, sie jedoch festigen und vertiefen wollen. Es eignet sich aufgrund umfangreicher Vokabelangaben, sowie des ausführlichen Lösungsteils, zum Selbststudium und vermag bei Schülern ab Klasse 9 Nachhilfeunterricht zu ersetzen.
Die textbezogenen Aufgaben berücksichtigen insgesamt die wichtigsten grammatischen Gebiete, ein Register ermöglicht auch systematisches Vorgehen.

Christine und Gert Sautermeister

Der sichere Weg zur guten französischen Nacherzählung

-Zur Methodik des Hörens und Schreibens im Französischunterricht-

118 Seiten

Bestell-Nr. 0534-7

Der erste Teil des Buches will auf die Bedingungen richtigen Hörens aufmerksam machen und Wege zum besseren Hören skizzieren. Der zweite Teil gibt Anregungen, die Grundrisse des Textes, der Gelenkstellen, Höhepunkte, Pointen nochmals zu vergegenwärtigen.
Spezifische Formulierungsprobleme der Nacherzählung entfaltet der dritte Teil.

Gemeinschafts-kunde

Peter Beyersdorf

Die Bundesrepublik Deutschland

Arbeitsheft zur Sozial- und Gesellschaftskunde

Band 1:
Strukturen und Institutionen
mit Text des Grundgesetzes
124 Seiten
Bestell-Nr. 0507-X

Band 2:
Parteien und Verbände
84 Seiten
Bestell-Nr. 0508-8

Band 3:
Außenpolitische Entwicklung
72 Seiten
Bestell-Nr. 0509-6

Diese Reihe wurde vor allem für den Bereich der politischen Pädagogik geplant: für Lehrer und Schüler also in erster Linie. Das gilt für Gymnasien und höhere Schulen insgesamt, für Berufsschulen und nicht zuletzt für den großen Bereich der Erwachsenenbildung in den Volkshochschulen.
Jedes Heft enthält neben dem Textteil einen Dokumentenanhang und ein Literaturverzeichnis, darin wird auf spezielle, einzelne Themen vertiefende Bücher hingewiesen.
Mit Hilfe dieser "Arbeitshefte" wird es dem Benutzer möglich, die grundsätzlichen politischen Zusammenhänge unseres Gemeinwesens und die Struktur der internationalen Politik zu erkennen. Dazu werden nicht nur Daten und Fakten geboten, sondern zugleich auch deren Erklärung und Interpretation. Stand 1970!

Geschichte

Peter Beyersdorf

Geschichts-Gerüst

von den Anfängen bis zur Gegenwart

4 Teile in einem Band

228 Seiten

Bestell-Nr. 0551-7

Der Primaner, der das „Skelett" dieses „Gerüstes" beherrscht, sollte allen Prüfungsanforderungen gewachsen sein!

Das vorliegende Werk will kein Ersatz für bereits bewährte Bücher ähnlicher Art sein, sondern einem **Auswahlprinzip** huldigen, das **speziell auf Gymnasien,** kurz **alle weiterführenden Schulen zugeschnitten** ist. Daher erklärt sich die drucktechnische Hervorhebung des besonders Wesentlichen (Fettdruck).
Teil I: Von der Antike bis zum Beginn der Völkerwanderung (ca. 3000 v. Chr. bis 375 n. Chr.)
Teil II: Von der Völkerwanderung bis zum Ende des Mittelalters (375 – 1268)
Teil III: Vom Übergang zur Neuzeit bis zum Ende des 1. Weltkrieges (1268 – 1918)
Teil IV: Vom Beginn der Weimarer Republik bis zur Gegenwart (1918 – 1990)

Latein

Reinhold Anton

Die Stammformen und Bedeutungen der lateinischen unregelmäßigen Verben

Anleitung zur Konjugation von etwa 1600 einfachen und zusammengesetzten unregelmäßigen Verben.

5. verbess. Auflage - 40 Seiten

Bestell-Nr. 0500-2

Oswald Woyte

Latein-Gerüst

Der gesamte Stoff bis zur Sekundarstufe II (Kollegstufe) in übersichtlicher Anordnung und leichtverständlicher Darstellung mit Übungstexten, Übungsaufgaben und Schlüssel.

Teil 1: **Formenlehre**
116 Seiten
Bestell-Nr. 0552-5

Teil 2: **Übungsaufgaben und Schlüssel zur Formenlehre**
144 Seiten
Bestell-Nr. 0553-3

Teil 3: **Satzlehre**
104 Seiten
Bestell-Nr. 0554-1

Teil 3: **Übungsaufgaben und Schlüssel zur Satzlehre**
72 Seiten
Bestell-Nr. 0555-X

jeweils 2. Auflage

Die vier Bände ersparen den Lernenden die Nachhilfestunden und bieten ein unentbehrliches Übungs- und Nachschlagewerk bis zur Reifeprüfung.
Der Autor hat aus seiner Praxis als Oberstudiendirektor die Schwierigkeiten der lateinischen Sprache für den häuslichen Übungsbereich aufbereitet und leicht faßbar erläutert. Lernanweisungen sollen das Einprägen erleichtern.

Friedrich Nikol

Latein 1

Übungen mit Lösungen für das erste Lateinjahr in zwei Bänden.

Band 1/**Erstes Halbjahr**
mit Lösungsteil
Bestell-Nr. 0634-3

Band 2/**Zweites Halbjahr**
mit Lösungsteil
Bestell-Nr. 0635-1

In beiden Teilbänden wird der gesamte Stoff des ersten Lateinjahres behandelt.

Latein 2 (2. Lateinjahr)

Bestell-Nr. 0638-6

Der lateinische Wortschatz ist in den Büchern genau angegeben und den verschiedenen lateinischen Unterrichtswerken angepaßt, die in den einzelnen Bundesländern zugelassen und eingeführt sind.
Bei gründlicher häuslicher Nachhilfe mit den Büchern wird der Übende immer mehr Freude an Latein bekommen und bald wird sich auch der Erfolg bei den Leistungen in der Schule zeigen.

Suchen Sie wortgetreue Übersetzungen und Präparationen zu Ihren Schullektüren römischer und griechischer Klassiker?
Sie finden in der **„Kleinen Übersetzungsbibliothek"** in 500 Bänden im Kleinformat wörtliche deutsche Übersetzungen.
Fordern Sie das ausführliche Verzeichnis an.

Mathematik

Bernd Hofmann

Algebra 1

Mathematikhilfe für die 7./8. Jahrgangsstufe weiterführender Schulen

216 Seiten

Bestell-Nr. 0580-0

Friedrich Nikol
Lothar Deutschmann

Algebra 2

Übungs- und Wiederholungsbuch für die 9. und 10. Jahrgangstufe

168 Seiten - Viele Abbildungen

Bestell-Nr. 0645-9

Lothar Deutschmann

Mathematik

Wegweiser zur Abschlußprüfung
Mathematik I, II und III an Realschulen

Anhang: Reifeprüfungsaufgaben mit Lösungen 1980/1981/1982/1983

168 Seiten + 121 Abb.

Bestell-Nr. 0644-0

Ein erfahrener Pädagoge erteilt Nachhilfeunterricht in Mathematik.

In anschaulicher Weise werden den Benutzern Aufgaben aus der Mathematik an Realschulen vorgeführt, erklärt und mit Lösungsweg und Lösungen beschrieben.

Ruth Kirchmann

Zielscheibe Mathematik

Wenn Schüler vor Mathematik zurückschrecken, liegt es häufig an den Lücken, die irgendwann entstanden sind und das Verständnis des ganzen folgenden Unterrichtsstoffes blockieren.
In diesen Nachhilfebüchern, die auch zum Nachlernen für zu Hause geeignet sind, finden sich Schüler schnell zurecht.

Dezimalzahlen

78 Seiten - viele Abbildungen
+ 8 Seiten Lösungsheft

Bestell-Nr. 0671-8

Johannes Lorenz

Mathematik-Gerüst - Unterbau

6. Auflage - 84 Seiten

Bestell-Nr. 0558-4

Sammlung von Formeln und Sätzen mit zahlreichen Musteraufgaben und vielen Figuren.

Inhalt: Zahlenrechnen - Algebra - Gleichungen - Logarithmen - Geometrie - Stereometrie - Trigonometrie.
Dieser Band richtet sich an den Lernenden, der in kurzer Form seine Kenntnisse wieder auffrischen möchte und anhand von Musteraufgaben Lösungswege rekonstruieren will.

Bis Sekundarstufe I.

Georg Ulrich/Paul Hofmann

Geometrie zum Selbstunterricht

Ein vollständiger Lehrgang der Geometrie zum Selbstunterricht und zur Wiederholung und Nachhilfe. Von der elementaren Geometrie über die Differential- und Integralrechnung bis zur Integralgleichung bieten die Bände den gesamten Stoff der Oberschulen bis zur Sekundarstufe II.
Übungsaufgaben mit Lösungen erleichtern die Verfolgung des Rechenweges und deren Einprägung und Verstehen.

1. Teil:

Planimetrie
172 Seiten
Bestell-Nr. 0576-2

2. Teil:

Trigonometrie
136 Seiten
Bestell-Nr. 0540-1

3. Teil:

Stereometrie
148 Seiten
Bestell-Nr. 0577-0

4. Teil:

Analytische Geometrie
232 Seiten
Bestell-Nr. 0536-3

Philosophie

Robert Hippe

Philosophie-Gerüst

Teil 1 -96 Seiten

Bestell-Nr. 560-6

Der erste Band des Philosophie-Gerüsts will an die Geschichte der abendländischen Philosophie heranführen, dem Leser einen Überblick über die Jahrhunderte philosophischen Denkens geben.
Aus dem Inhalt: Was ist Philosophie? Die griechische Philosophie - Die hellenistisch-römische Philosophie - Die Philosophie des Christentums - Die Philosophie des Mittelalters, im Zeitalter der Renaissance und des Barock - Die Philosophie von der Aufklärung bis zu Hegel - Die Philosophie der Gegenwart.
Anhang - Bibliographie u.a.

Teil 2 - 80 Seiten

Bestell-Nr. 561-4

Im zweiten Band werden die Disziplinen der reinen und angewandten Philosophie behandelt und dem Benutzer ein Überblick über den gewaltigen Umfang des Bereichs der Philosophie gegeben.
Aus dem Inhalt: **Die Disziplinen der reinen Philosophie:** Logik und Dialektik - Psychologie - Erkenntnistheorie - Ontologie und Metaphysik - Ethik - Ästhetik.
Die Disziplinen der angewandten Philosophie: Naturphilosophie und Philosophie der Mathematik - Geschichtsphilosophie - Rechts- und Religionsphilosophie - Philosophische Anthropologie und Existenzphilosophie - Sprachphilosophie.
Philosophie und Weltanschauung
Bibliographischer Anhang u.a.